Procesos de comunicación con perspectiva de género en el entorno de intervención

Adriana Escalona Barranquero

ic editorial

Procesos de comunicación con perspectiva de género en el entorno de intervención

1ª Edición

Editado por: IC Editorial
c/ Cueva de Viera, 2, Local 3
Centro Negocios CADI
29200 Antequera (Málaga)
Teléfono: 952 70 60 04
Fax: 952 84 55 03
Correo electrónico: iceditorial@iceditorial.com
Internet: www.iceditorial.com

ISBN: 978-84-1184-441-3
Depósito Legal: MA 2559-2024

Impresión: PODiPrint
Impreso en Andalucía – España

Nota de la editorial: IC Editorial pertenece a Innovación y Cualificación S. L.

Presentación del manual

El **Certificado de Profesionalidad** es el instrumento de acreditación, en el ámbito de la Administración laboral, de las cualificaciones profesionales del Catálogo Nacional de Cualificaciones Profesionales adquiridas a través de procesos formativos o del proceso de reconocimiento de la experiencia laboral y de vías no formales de formación.

El elemento mínimo acreditable es la **Unidad de Competencia.** La suma de las acreditaciones de las unidades de competencia conforma la acreditación de la competencia general.

Una **Unidad de Competencia** se define como una agrupación de tareas productivas específica que realiza el profesional. Las diferentes unidades de competencia de un certificado de profesionalidad conforman la **Competencia General,** definiendo el conjunto de conocimientos y capacidades que permiten el ejercicio de una actividad profesional determinada.

Cada **Unidad de Competencia** lleva asociado un **Módulo Formativo,** donde se describe la formación necesaria para adquirir esa **Unidad de Competencia,** pudiendo dividirse en **Unidades Formativas.**

El presente manual desarrolla la Unidad Formativa **UF2684: Procesos de comunicación con perspectiva de género en el entorno de intervención,**

perteneciente al Módulo Formativo **MF1453_3: Comunicación con perspectiva de género,**

asociado a la unidad de competencia **UC1453_3: Promover y mantener canales de comunicación en el entorno de intervención, incorporando la perspectiva de género,**

del Certificado de Profesionalidad **Promoción para la igualdad efectiva de mujeres y hombres.**

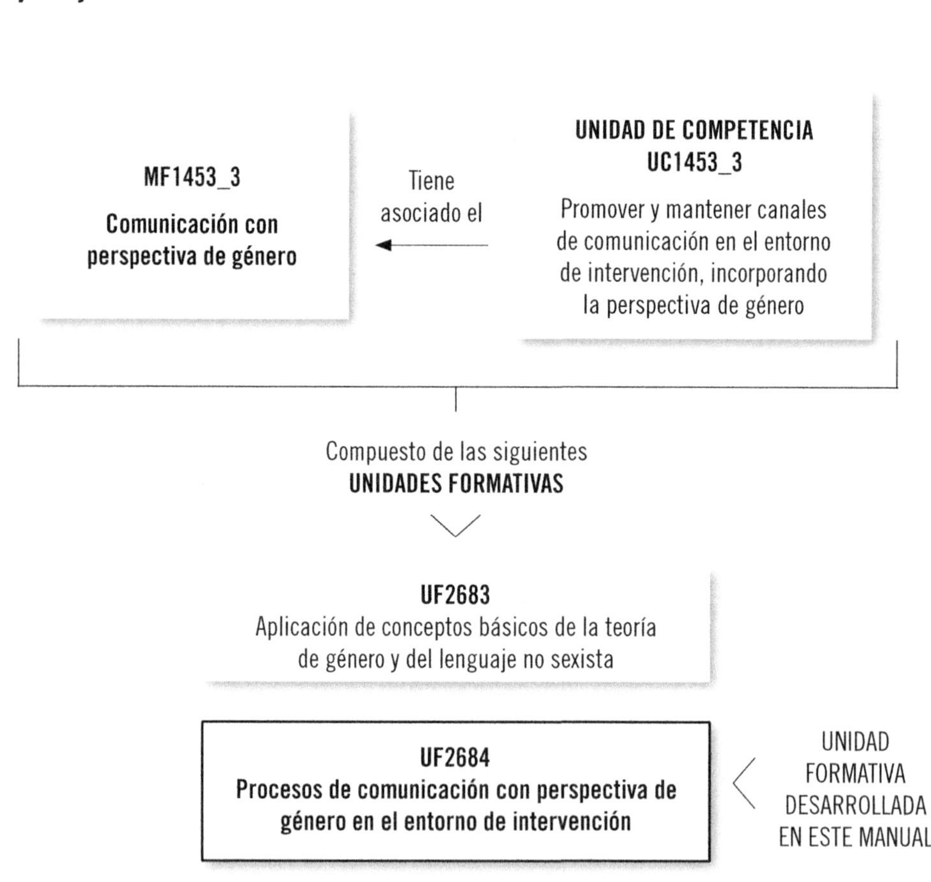

FICHA DE CERTIFICADO DE PROFESIONALIDAD			
(SSCE0212) PROMOCIÓN PARA LA IGUALDAD EFECTIVA DE MUJERES Y HOMBRES (R. D. 990/2013, de 13 de diciembre)			
COMPETENCIA GENERAL: Detectar situaciones de desigualdad, visibilizándolas ante el conjunto de la sociedad, trabajando en su prevención y en su erradicación en colaboración con el equipo de intervención, las instituciones y los agentes sociales, y potenciando la participación ciudadana de las mujeres, así como la articulación de procesos comunitarios enfocados hacia su «empoderamiento».			
Cualificación profesional de referencia	**Unidades de competencia**		**Ocupaciones o puestos de trabajo relacionados:**
SSC451_3: PROMOCIÓN PARA LA IGUALDAD EFECTIVA DE MUJERES Y HOMBRES (R. D. 1096/2011, de 22 de julio)	UC1453_3	Promover y mantener canales de comunicación en el entorno de intervención, incorporando la perspectiva de género	• 37141017 Promotor/a de igualdad de oportunidades entre mujeres y hombres • Técnico/a de apoyo en materia de igualdad efectiva de mujeres hombres • Promotor/a para la igualdad efectiva de mujeres y hombres • 37131041 Promotores de igualdad de oportunidades, en general
	UC1454_3	Favorecer la participación de las mujeres y la creación de redes estables que, desde la perspectiva de género, impulsen el cambio de actitudes en la sociedad y el «empoderamiento» de las mujeres	
	UC1582_3	Detectar e informar a organizaciones, empresas, mujeres y agentes del entorno de intervención sobre relaciones laborales y la creación, acceso y permanencia del empleo en condiciones de igualdad efectiva de mujeres y hombres	
	UC1583_3	Participar en la detección, análisis, implementación y evaluación de proyectos para la igualdad efectiva de mujeres y hombres	
	UC1584_3	Detectar, prevenir y acompañar en el proceso de atención a situaciones de violencia ejercida contra las mujeres	

Correspondencia con el Catálogo Modular de Formación Profesional		
Módulos certificado	Unidades formativas	Horas
MF1453_3: Comunicación con perspectiva de género	UF2683: Aplicación de conceptos básicos de la teoría de género y del lenguaje no sexista	60
	UF2684: Procesos de comunicación con perspectiva de género en el entorno de intervención	80
MF1454_3: Participación y creación de redes con perspectiva de género	UF2683: Aplicación de conceptos básicos de la teoría de género y del lenguaje no sexista	60
	UF2685: Procesos de participación de mujeres y hombres y creación de redes para el impulso de la igualdad	70
MF1582_3: Promoción para la igualdad efectiva de mujeres y hombres en materia de empleo	UF2683: Aplicación de conceptos básicos de la teoría de género y del lenguaje no sexista	60
	UF2686: Análisis del entorno laboral y gestión de relaciones laborales desde la perspectiva de género	90
MF1583_3: Acciones para la igualdad efectiva de mujeres y hombres	UF2683: Aplicación de conceptos básicos de la teoría de género y del lenguaje no sexista	60
	UF2687: Análisis y actuaciones en diferentes contextos de intervención (salud y sexualidad, educación, ocio, deporte, conciliación de la vida personal, familiar y laboral, movilidad y urbanismo y gestión de tiempos)	80
MF1584_3: Detección, prevención y acompañamiento en situaciones de violencia contra las mujeres	UF2683: Aplicación de conceptos básicos de la teoría de género y del lenguaje no sexista	60
	UF2688: Análisis y detección de la violencia de género y los procesos de atención a mujeres en situaciones de violencia	70
MP0561: Módulo de prácticas profesionales no laborales		120

Índice

Capítulo 1

Establecimiento de estrategias de comunicación y coordinación con el equipo de intervención en igualdad y otros agentes del entorno

Contenido

1. Introducción

La comunicación es la base de las relaciones sociales. A través de ella, se genera la transmisión de la cultura, sentimientos, ideas o información del entorno. Es la manera que tiene el ser humano de hacerse entender, de compartir con los demás su visión del mundo.

En este capítulo, se centrará la atención a la comunicación interna y su especial importancia como transmisora de valores, cultura y comportamientos.

La comunicación interna es la generadora de una conciencia de grupo, transmisora de ideales, pensamientos, filosofía o conocimientos, destacando la importancia que cobra la incorporación del concepto de *mainstreaming* de género en la comunicación de una organización como pieza clave en la generación de igualdad efectiva de mujeres y hombres.

La incorporación de esta perspectiva avalada por la ley de igualdad efectiva de mujeres y hombres pone de manifiesto que todos somos iguales ante la ley y se deberán reconocer los mismos derechos. No se trata entonces de una postura o actitud deseada sino de una obligación que tienen las organizaciones como entes tendentes a formar microorganismos donde se desarrollan relaciones, transferencias, identidades que pueden convertirse en potenciadores de desigualdad.

Los estereotipos de género son las manifestaciones de las desigualdades sociales que se transmiten a través de la cultura social. Por ello, se plantea un cambio de perspectiva en la comunicación interna para acabar con los planteamientos arcaicos y mantenedores de situaciones de desigualdad y se verá cómo, esta nueva estrategia de organización, dará como resultado equipos de trabajo más eficientes y eficaces.

Por último, se verá cómo es a través de la comunicación persuasiva y sus diferentes estrategias de tratamiento de la información y de los contenidos de los mensajes, se obtienen cambios de actitud enfocados a la obtención de una realidad igualatoria y efectiva de mujeres y hombres.

2. Tratamiento y transferencia de la información para favorecer la igualdad de mujeres y hombres

Para iniciar este capítulo es necesario sentar unas bases teóricas para entender el marco de actuación de los agentes de intervención en igualdad. Por ello, para comprender cómo el tratamiento de la información favorece la igualdad de género es necesario conceptualizar términos como perspectiva de género y enmarcar las acciones dentro de un marco legislativo que apoya y promueve la igualdad efectiva de mujeres y hombres como un reto a alcanzar entre todos.

2.1. Marco legislativo

El reconocimiento de la igualdad entre mujeres y hombres ante la ley está recogido ya en el **art. 14 de la Constitución Española en 1978,** al reconocer que *los españoles son iguales ante la ley, sin que pueda prevalecer discriminación alguna por razón de nacimiento, raza, sexo, religión, opinión o cualquier otra condición o circunstancia personal o social* y es sobre este artículo, sobre el que se sustenta toda la legislación posterior en materia de igualdad entre mujeres y hombres. De igual forma, el art. 9.2 estipula la obligación de los poderes públicos para promover las condiciones para que la igualdad de las personas y de los grupos en que se integren sea real y efectiva.

Además, se destaca *la convención sobre la eliminación de toda forma de discriminación contra la mujer* adoptada por Naciones Unidas en 1979 y ratificada por España en 1983, considerada una declaración internacional de derechos para la mujer, definiendo lo que constituye discriminación contra la mujer y estableciendo un proyecto nacional para frenar esa discriminación. Asimismo el **Tratado de Ámsterdam, del 1 de mayo de 1999,** donde acuerdan la eliminación de las desigualdades entre hombres y mujeres como objetivos de las políticas y acciones de la Unión Europea y sus estados miembros.

La **Ley Orgánica 3/2007, de 22 de marzo,** para la Igualdad Efectiva de Mujeres y Hombres supone, para el ordenamiento español, la base sobre la que se sustentan todas las acciones en materia de igualdad. Incorpora una previsión de políticas activas para hacer efectivo el principio de igualdad desde los diferentes ámbitos de actuación del ordenamiento social, cultural o educativo donde pueda generarse desigualdades por razón de sexo. Se presenta, de esta forma, la incorporación transversal de la perspectiva de género en las acciones públicas y en el fomento de su incorporación como medio de erradicar las desigualdades existentes. Esta norma se completa con la Ley 15/2022, de 12 de julio, integral para la igualdad de trato y la no discriminación. En ella se recogen derechos, obligaciones y actuaciones tendentes a la prevención, eliminación o corrección de toda forma de discriminación.

Por otra parte, La Organización de Naciones Unidas, en la **IV Conferencia Mundial de 1995,** reconoce que la violencia de género representa un obstáculo para conseguir los objetivos de igualdad, desarrollo y paz, que viola e impide disfrutar de los derechos humanos y las libertades fundamentales. Asimismo, la define más extensamente como una manifestación de las relaciones de poder desiguales entre hombres y mujeres que se arrastran de la historia. Por todo ello, los poderes públicos no pueden quedar ajenos a este problema social que constituye un ataque a los derechos fundamentales de las mujeres y hombres y aprueba la **Ley Orgánica 1/2004, de 28 de diciembre,** de Medidas de Protección Integral contra la Violencia de Género, por unanimidad de todas las fuerzas políticas con representación parlamentaria. La violencia de género se enfoca por la Ley de un modo integral y multidisciplinar, al considerar que la obtención de la igualdad efectiva de mujeres y hombres, el respeto a la dignidad humana y a la libertad de las personas, solo podrá hacerse efectiva a través de la formación y de los procesos de socialización.

Importante

La Ley Orgánica 3/2007, de 22 de marzo, para la igualdad efectiva de mujeres y hombres supone por primera vez la incorporación de la transversalidad de la perspectiva de género en la intervención social.

2.2. Análisis de género

Se hace necesario distinguir algunos conceptos para comprender mejor y poder aplicar con éxito la perspectiva de género en los procesos de comunicación en el entorno de la intervención.

En primer lugar es necesario hacer distinción entre los conceptos sexo y género. A pesar de que en ocasiones ambos conceptos se usen como sinónimos, ambas palabras hacen referencia a conceptos distintos. Cuando se habla de sexo, se hace referencia a la descripción de las diferentes características fisiológicas y anatómicas existentes entre mujeres y hombres. Por otro, el término género hace referencia a la creación social de la identidad masculina y femenina, y a la desigual relación que se establece entre mujeres y hombres.

Por este motivo, es necesario trabajar sobre el concepto de género cuyas construcciones históricamente han generado desigualdades y marginación de las mujeres en todos los ámbitos, económico, político, cultural, limitación del acceso a la educación o al conocimiento; encasilladas en el rol, reproductivo y en el ámbito privado, mientras el hombre conquistaba el poder, la vida social y el libre acceso a todos los ámbitos de la vida pública, política, cultural, económica o del conocimiento.

El concepto de género se refiere al papel, función en la sociedad o rol que la sociedad confiere a las personas atendiendo a su sexo. No cuestiona capacidades o características sino que por el simple hecho de ser mujer u hombre se determina lo que es conveniente, adecuado o posible haciendo referencia a su participación, papel o actividad en la sociedad.

Nota

Los roles asociados a cada género no son compartidos por todas las sociedades, países o comunidades, los diferentes roles de género dependerán de la cultura social de cada uno.

El hecho de ser mujer en España se asocia al papel de la reproducción, a roles de madre, esposa, a los cuidados de menores, personas dependientes y mayores, a labores domésticas o en su caso a la realización de trabajos fuera de casa repitiendo los mismos roles. Se relaciona a las mujeres con la sensibilidad, la debilidad, la coquetería o la belleza. Por otro lado, el hecho de ser hombre tiene otra serie de connotaciones asociadas: implica roles productivos, fuerza, valor al trabajo, integración exitosa al mercado laboral, a la política y a la toma de decisiones, a la vida social, al peso de responsabilidad económica, al acceso libre a todos los ámbitos públicos, etc.

En la actualidad, y a pesar de los avances conquistados por las mujeres y hombres en el libre acceso a los derechos y libertades fundamentales, se sigue arrastrando una construcción histórica arraigada a través de la transmisión de la cultura como patrones de desigualdad. Estos patrones de desigualdad son reproducidos, aceptados y vistos, incluso, con normalidad. De aquí, de estas construcciones sociales, de estos papeles asignados, actitudes, pensamientos, estereotipos, etc., parte la verdadera desigualdad social.

Ejemplo

Que las mujeres se consideren mejores para los cuidados de menores y mayores por su especial sensibilidad es una construcción social de género y no una realidad fisiológica del sexo.

De Barbieri (1992) explica la desigualdad social existente en torno a la dualidad sexo-género del siguiente modo: *el sistema sexo-género vigente produce una relación desigual de poder entre mujeres y hombres que tiene que ver con una distribución desigual de conocimientos, propiedad e ingresos, responsabilidades y derechos. Es, por lo tanto, una dimensión de desigualdad social.*

A continuación, se presenta un listado de características estereotipadas tradicionalmente asignadas a cada sexo:

	MASCULINO	FEMENINO
ESTEREOTIPO	Fuerte Valiente Poco sensible Dinámico Deportista Competidor Líder Dominante Simpleza en los pensamientos Destreza manual y de movimiento Infiel Protector Ajeno a lo estético No romántico Inteligente	Inestabilidad emocional Romántica Miedosa Intuitiva Creativa Dependiente Coqueta Débil Fiel Familiar Sensible Cuidadora Sensual Conciliadora Charlatana

Actividades

1. ¿Cuál es la ley vigente española sobre la que se sustentan las acciones en materia de igualdad?
2. ¿Qué son las construcciones sociales de desigualdad?

2.3. Comunicar con perspectiva de género

La comunicación es un concepto que está sujeto a muchas interpretaciones dependiendo del momento histórico, contexto socioeconómico, político y cultural en el que haya surgido, ambos conceptos están muy relacionados, expresa algo que se comparte, que se tiene o se vive en común.

Son muchas las definiciones de la palabra **comunicación** entre las que destacan las siguientes:

- Aristóteles señalaba que: *la comunicación, es un proceso donde se utilizan todos los medios de persuasión que se tengan al alcance para hacernos entender.*
- Kurt Lewin define el proceso de comunicación como: *un complejo sistema de acciones e interacciones personales y grupales, donde un individuo transmite un mensaje a otro y este a su vez responde a otro mensaje, lo que genera un proceso circular y continuo.*
- William Bortot expone que la comunicación es: *un fenómeno que establece una relación entre dos o más individuos, basada en el intercambio de mensajes y/o ideas, medio a través del cual se desarrollan todas las relaciones humanas.*
- André Martinet: *comunicación es la utilización de un código para la transmisión de un mensaje de una determinada experiencia en unidades semiológicas con el objeto de permitir a los hombres relacionarse entre sí.*

Como se ve, son muchos los autores y las definiciones que se pueden encontrar de este concepto, pero todos coinciden en el hecho de que, es a través de la comunicación como los individuos se relacionan entre sí, compartiendo ideas, pensamientos, experiencias y situaciones, creando así una conciencia común como grupo. La comunicación no es una parte más de las relaciones sociales, es el elemento esencial. Cuando se comunica se está intercambiando, compartiendo, poniendo en común, relacionándose entre sí y por ello, pasando de la individualidad a la vida comunitaria.

Nota

La comunicación es la esencia de la vida en comunidad, por ello, se hace imprescindible conocer sus funcionamientos para entender y trabajar en procesos comunitarios.

Se entiende por ello, que en la transferencia y tratamiento de la información se intercambian ideas, pensamientos, estereotipos, etc., y es, a través de ella, como los seres humanos adquieren sus construcciones mentales sobre su papel, situación o lugar en la estructura social. Es a través de la comunicación como mujeres y hombres, organismos o entidades sociales realizan las construcciones sociales y la transmisión de la cultura y de esta misma forma, la transmisión o mantenimiento de las desigualdades entre mujeres y hombres por razón de sexo.

Incorporar la perspectiva de género en la comunicación y la transmisión o tratamiento de la información es el camino hacia la destrucción de estereotipos aprendidos a través años de historia de desigualdades. Al desarrollar un análisis desde este punto de vista, se puede obtener información sobre la realidad de mujeres y hombres en un determinado contexto, para comprender que el problema consiste en la desigual relación de poder entre sexos.

Según Vasallo (2011), la perspectiva de género es: *una visión crítica, explicativa y alternativa de lo que acontece en el orden de género; es una visión científica, analítica y política. Ella permite analizar y comprender las características que definen a las mujeres y los hombres de manera específica, así como sus semejanzas y diferencias.*

Cuando se incorpora la perspectiva de género en el tratamiento de la información y la comunicación se consideran, de manera sistemática, las diferencias en las condiciones, situaciones, intereses y necesidades de mujeres y hombres.

Es necesario evitar la visión androcéntrica de la comunicación, que no incluye a las mujeres, reproduce estereotipos y mantiene las situaciones de desigualdad.

La incorporación de la perspectiva de género es un proceso que debe desarrollarse de forma transversal, es decir, que debe estar presente en todos los procesos comunicativos de las organizaciones, como un modelo de referencia desde el que producir, transmitir y tratar la información.

No debe tratarse la perspectiva de género como un elemento aislado desde el que chequear las acciones, sino como una visión transversal innovadora y generadora de cambios.

Definición

Androcentrismo

Visión del mundo y de las relaciones sociales centradas en el punto de vista masculino.

Aplicación práctica

Reconozca en las siguientes imágenes estereotipos o construcciones sociales y culturales mantenedoras de desigualdad de género.

Figura 1

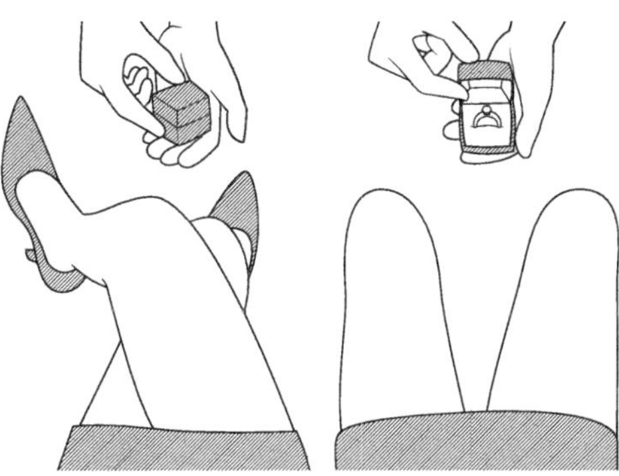

Continúa en página siguiente >>

<< Viene de página anterior

Figura 2

Figura 3

SOLUCIÓN

- Figura 1: en esta imagen se muestra la intencionalidad de la marca que trabaja con el estereotipo de que las mujeres quieren atrapar a los hombres, mediante el matrimonio. Solo si se le promete el matrimonio se alcanzará el objetivo del hombre que es el sexo, pues con un anillo ella abre las piernas.
- Figura 2: roles asignados de género. La mujer en el cuidado de los hijos y plano familiar. Los hombres en el trabajo y plano social.
- Figura 3: en esta imagen se muestra como las profesiones son fundamentalmente representadas con el sexo masculino y los pocos papeles reservados para la mujer son el de maestra, profesión relacionada con el cuidado de los niños y la educación.

---

3. Manejo de estrategias de comunicación interna, para la transferencia de la información dentro del equipo experto en igualdad efectiva de mujeres y hombres

A continuación, se verá la importancia de la comunicación interna y la valoración de los diferentes elementos que la componen para incorporar correctamente la perspectiva de género en transferencia de la información dentro del equipo experto en igualdad.

Por otro lado, para establecer estrategias de comunicación que favorezcan la igualdad, es necesario basar las acciones en el Código Deontológico del ámbito social y en la normativa vigente, además de establecer una batería de buenas prácticas en comunicación con perspectiva de género.

3.1. Comunicación interna

La comunicación es un proceso complejo pero de vital importancia en todos los aspectos sociales del individuo y de igual forma se hace imprescindible conocer y estudiar todos los elementos y procesos de la comunicación para el buen desarrollo de las organizaciones, su mantenimiento y estabilidad. No se debe olvidar que la comunicación se da de forma continuada y que no es posible no comunicar, por ello, es imprescindible conocer, analizar y planificar la comunicación en una organización para obtener de ella los mayores beneficios y evitar los posibles perjuicios derivados de una mala comunicación.

Se distinguen dos grandes clasificaciones de la comunicación en una organización:

- La comunicación interna
- La comunicación externa

La **comunicación externa** es aquella que se da de la organización hacia fuera, hacia el exterior. La comunicación con clientes, usuarios de servicios, administraciones públicas, otras organizaciones privadas o públicas o la sociedad en general.

La **comunicación interna** es la que se da entre los integrantes del grupo, de la organización. Es la comunicación a través de la cual se crea la identidad del grupo, la palabra común sobre los temas y proyectos que le ocupan. El grupo es una realidad comunicativa, para que desaparezca solo tiene que dejar de fluir la información. A través de la comunicación interna aumenta el sentido de pertenencia, la motivación de los individuos integrantes hacia la consecución de los objetivos comunes. Son muchas las organizaciones que no prestan atención a una correcta gestión y un continuo fomento de la comunicación entre los miembros de una organización. El personal empleado, las personas asociadas y otros miembros de la organización pueden tener acceso a la información de la organización, pero si no existe retroalimentación no hay comunicación. Se les informa de las directrices, de lo que deben hacer y cuáles son sus funciones pero no se les explica los objetivos, líneas de acción, filosofía de la organización y de la importancia de su papel dentro de esta. No le dan importancia a la información privilegiada, estratégica que puedan tener frente a su día a día con los usuarios, sus opiniones o visiones particulares, no fomentan el enriquecimiento de la organización a través del *feedback.* No se les hacen partícipes, protagonistas de la acción de la organización. Todas estas personas no son piezas aisladas, sino que forman parte de un mismo engranaje. Deben moverse, pensar, actuar, como un conjunto y proyectar esta imagen al exterior.

Recuerde

La comunicación interna es la que se realiza hacia dentro del grupo y la comunicación externa la que se realiza hacia fuera del grupo.

Por ello, en muchos casos, las políticas de promoción, de *marketing* no dan los frutos deseados. En muchas ocasiones, son un número reducidos de miembros, junta directiva por ejemplo, quienes deciden, programan y llevan a cabo la acción de la organización pero no reportan toda esta comunicación al resto de los integrantes de la misma. No puede haber una comunicación externa sino hay una adecuada comunicación interna de todos los miembros integrantes de la organización.

3.2. Elementos de la comunicación interna

A continuación, se verá los diferentes elementos de la comunicación interna que deberán tenerse en cuenta a la hora de establecer los procesos de *mainstreaming* de género, como son: los mensajes, canales, flujos, retroalimentación y barreras.

Mensaje

Es aquello que se quiere transmitir. El contenido está formado por los pensamientos, ideas o sentimientos del emisor, codificado de un modo tal que pueda ser entendido y descodificado por el receptor. Además, puede ser manifestado por el emisor de forma verbal o no verbal. Es la parte fundamental del proceso de comunicación, puesto que es la razón del proceso comunicativo. En la comunicación interna estos mensajes pueden ser:

- **De tarea:** cuando su contenido está relacionado con la realización de trabajos y cómo deben realizarse estos trabajos.
- **De mantenimiento:** este contenido está enfocado a mantener el orden del grupo, se refiere a normativas, protocolos, procedimientos o régimen interno que deben seguir los integrantes de la entidad.
- **Humanos:** es contenido enfocado a las personas integrantes del grupo, sobre sus actitudes, objetivos, sentimientos o necesidades, etc.

Nota

A través de la comunicación se construyen significados y se transmite la cultura, por ello, se hace imprescindible conocer sus funcionamientos para entender y trabajar con procesos de *mainstreaming* de género.

Canal

Hace referencia a la vía, soporte material o espacial, por el que viaja o circula el mensaje; por ejemplo, el aire, en caso de la voz, o el hilo telefónico, en el caso de una conversación telefónica. Cuando la comunicación es interpersonal (entre personas) y sin ningún medio electrónico de por medio, como una conversación cara a cara, se denomina **canal.** Pero cuando la comunicación se realiza por medio de aparatos o utensilios electrónicos o artificiales, se le denomina **medio.** En la comunicación interna los más usados, teléfono, correo electrónico o intranet.

Los canales y medios más usados en la comunicación interna son: reuniones, asambleas, cartas, circulares, muros, carteles, correo electrónico, intranet o el teléfono, entre otros.

Flujos de comunicación

Estos hacen referencia al sentido o dirección de la comunicación.

Puede ser:

- **Vertical.** La comunicación que se puede encontrar en dos direcciones:
    - **Descendente:** comunicación que hace referencia a los niveles jerárquicos en una entidad, refiriéndose a la comunicación entre las personas de niveles superiores hacia niveles inferiores, normas o directrices.
    - **Ascendente:** se refiere a la acción contraria, la que se da desde los niveles inferiores a los superiores.
- **Horizontal.** La comunicación que tiene lugar entre integrantes de un mismo nivel jerárquico.

Actividades

3. La comunicación que se realiza entre un miembro del equipo de igualdad y un miembro de otro departamento, ¿es comunicación interna o externa? Justifique su respuesta.
4. Determine a qué tipo de comunicación se refiere, atendiendo a la dirección y canal de difusión, cuando el director de una asociación se reúne con el equipo de intervención para informarles de las nuevas directrices organizacionales.

Retroalimentación

En el proceso de la comunicación un emisor envía un mensaje a un receptor. El receptor descodifica el mensaje y enviará un mensaje de vuelta al receptor en respuesta al mensaje recibido. Este mensaje secundario o de respuesta le hará saber al emisor si su mensaje ha sido descodificado correctamente, si el mensaje se ha entendido. Este mensaje o retroalimentación no tiene porque ser verbal y su función es asegurarse de que el código, el canal, en definitiva, todos los elementos de la comunicación están siendo los correctos. Por ello, cuando se pretende comunicar, es importante tener presente la retroalimentación, que puede ser útil para mejorar, variar o corregir algunos de los elementos de la comunicación, para que la trasmisión del mensaje sea la adecuada.

Interferencias, barrera o ruido

Las barreras, interferencias o ruidos de la comunicación son los obstáculos o impedimentos que dificultan o impiden la comunicación. El proceso de la comunicación puede verse interrumpido, distorsionado o incluso anulado por diferentes razones, que se verán a continuación. Las barreras pueden ser:

- **Barreras personales:** son interferencias que tienen que ver con el individuo, su cultura, forma de ver las cosas, de percibirlas, su experiencia, valores, sus características personales, hábitos o malos hábitos respecto a la comunicación, sus destrezas o errores como comunicador u oyente, su interés o pereza respecto a la comunicación, todo influye y puede ocasionar interferencias en el proceso. Al codificar y descodificar el mensaje se hace una interpretación del mismo, de tal forma que todo está basado en la percepción, experiencia, valores o prejuicios que actúan como filtro. También se refiere a la diversidad funcional del individuo, como pueden ser la ceguera, dificultades en el habla, sordera, enfermedades mentales, etc.

- **Barreras físicas:** son interferencias que ocurren en el medio donde se desarrolla la comunicación. Es muy común el ruido ambiental, pero también se hace referencia a la distancia, a las barreras físicas, como muros o paredes, o interferencias en los medios, como mala señal de la televisión o la radio, pérdida de cobertura en el móvil o de cobertura de internet.
- **Barreras semánticas:** casi toda la comunicación hace referencia a símbolos que sugieren determinados significados. Si al hacer una interpretación de estos símbolos se elige el significado erróneo o diferente al que eligió el emisor, se puede no interpretar correctamente el mensaje o tergiversarlo. Se tiene que cuidar mucho el contexto en el que se utiliza una palabra o símbolo, porque es el contexto el que determina el significado.

Dentro de estas tres clasificaciones generales, se va a destacar las siguientes barreras, interferencias o ruidos para estudiarlas de forma más concreta. Como son:

- **El filtrado:** barrera personal que se produce cuando se transmite solo aquello que se piensa que será más atractivo para el receptor. Cuando se manipula la información para que sea más atractiva para la persona que la recibe. Es un engaño al que recurren muchas organizaciones para hacer más atractivo un servicio o producto.
- **La percepción selectiva:** también es una barrera personal que se produce cuando el receptor capta o interpreta solo aquello que quiere entender, la parte del mensaje que le conviene, que piensa que le beneficia.
- **Las emociones:** se han querido resaltar las emociones porque aun perteneciendo a la clasificación de barreras personales ejercen una influencia muy considerable, tanto al emisor como al receptor y puede suponer una barrera muy importante para la comunicación. Las emociones afectan al tono de nuestra voz, la entonación, los movimientos y la visión mental del mensaje. Al igual, el receptor si está enfadado, triste o ilusionado, contento o motivado, no recibirá de igual forma o interpretará el mensaje.

- **El lenguaje:** también se ha hablado de las barreras semánticas pero aquí se hace referencia a características del lenguaje en referencia a la edad, cultura, nivel educativo y niveles de inteligencia del individuo. En ocasiones aunque las personas hablen el mismo idioma no se entienden. Los tecnicismos, los modismos, las jergas profesionales o culturales se convierten en barreras de la comunicación muy poderosas.
- **La era de la comunicación:** por último, se hace mención a una barrera física, destacando un hecho que en principio, se puede pensar como una mejora de la comunicación o una eliminación de barreras, pero que en la práctica, ha eliminado unas y han surgido otras que afectan de forma negativa, provocando así nuevas barreras de la comunicación. En la sociedad actual en la que se vive, en la que la comunicación y la tecnología de las comunicaciones son los protagonistas, se hace raro pensar que es precisamente este hecho el que hace más complicada la transmisión de la comunicación. Por un lado, la sobre carga de información, el excesivo y continuo bombardeo al que nos exponemos a diario, en todo momento y circunstancias, hace que se deje de estar alerta o prestando antención a estos estímulos continuos, como método de defensa frente a una agresión excesiva. Por otro, la vida moderna hace que las personas se aíslen cada vez más y que se vuelvan más solidarias. Cuanto mayor es el progreso en las comunicaciones, más cerca se sienten las personas que están más alejadas. Cuanto mayor es la proliferación de redes sociales, de canales de comunicación mayor es la distancia entre las personas, precisamente, con aquellas que tienes más cerca. No es raro encontrarse en una reunión de personas en las que cada una de ellas están atareadas con su móvil o *tablet* enviando mensajes, buscando información, opinando o poniéndose al día de las nuevas noticias de sus amistades en la red. Sin embargo, no interrelacionan: no comparten, no hay comunicación abierta, cercana, efectiva. Los momentos de interacción, los contactos directos con las personas se ven reducidos o afectados por el monstruo de las telecomunicaciones.

Actividades

5. Indique la diferencia entre estos dos elementos de la comunicación, canal y medio.
6. Describa dos ejemplos de barrera en la comunicación.
7. ¿Qué elemento de la comunicación ayuda al emisor a saber que su mensaje es recibido correctamente por el receptor?

3.3. Equipo de intervención en igualdad

Incorporar la perspectiva de género en los equipos de trabajo supone algo más que aumentar el número de mujeres. Son necesarias nuevas formas de organización, gestionar el talento o trabajar con la diversidad de personas. Es necesario ampliar la visión, aceptando perspectivas nuevas, estilos, prioridades que aportan las mujeres, es decir, no se trata de que haya más mujeres en el equipo y ayudarles a que se adapten a las formas tradicionales de funcionamiento, se trata de incorporar sus formas de trabajo, su visión, aprovechar el talento de las mujeres a través de liderazgos participativos. Para conseguir esto es necesario poner atención a dos líneas estratégicas:

- Selección y gestión de los recursos humanos
- Dirección de equipos con perspectiva de género

En la primera línea de acción de forma genérica se podrían realizar las siguientes recomendaciones u objetivos a alcanzar para conseguir la gestión de equipos de trabajo más eficientes y equitativos. Serían las siguientes:

1. Es necesario que desaparezca cualquier forma de discriminación en la creación y selección del personal que conformará el equipo de intervención. Son necesarios perfiles profesionales competentes y diversos, teniendo en cuenta que el talento no tiene sexo.
2. Trabajar para obtener un clima de trabajo que promueva la integración de hombres y mujeres.

3. Reducir las barreras de género, enfoques estereotipados de los puestos de trabajo o conflictos derivados de desigualdades entre sexo, derivados de una falta de concienciación.
4. Diseñar puestos de trabajo con tiempos flexibles, aprovechando las nuevas tecnologías, para garantizar la conciliación familiar.
5. La prevención de riesgos laborales gestionada desde la igualdad de género teniendo en cuenta la gestión de horarios, las condiciones de trabajo, las relaciones e interacciones sociales en igualdad de condiciones, etc.
6. Incorporar movilidad horizontal y vertical con acceso igualatorio para hombres y mujeres.
7. Fomentar un clima de trabajo positivo y conciliador.
8. Es necesario un cambio cultural frente a las desigualdades de género, iniciado desde la organización. No es suficiente con leyes o normativas, es necesario un cambio de visión integrado y asumido por todas las personas integrantes de la organización.
9. Asegurar los mismos sueldos y condiciones para personas del mismo nivel jerárquico y funciones independientemente de ser mujeres u hombres.
10. Utilización de un lenguaje inclusivo e imágenes no sexistas en las comunicaciones internas y externas que realice la organización.

En la segunda línea de acción, la dirección de equipos con perspectiva de género, la pieza clave es la incorporación de un modelo participativo en la dirección de equipos. Estos modelos de equipos de trabajo con un estilo de liderazgo participativo, horizontal y colaborativo suponen un beneficio para la eficiencia y los resultados del trabajo, consiguiendo motivar a cada una de las personas trabajadoras, obteniendo también un mayor grado de autonomía, aumento del sentimiento de pertenencia al grupo y mejor valoración propia y del equipo.

Definición

Participación
Entendida como tomar partido en la consecución de los objetivos planteados en los que se ha asumido un compromiso.

El liderazgo tradicional es vertical, es decir, jerárquico y estructurado en forma de pirámide. Las personas responsables de las categorías superiores ordenan y gestionan mientras el resto de categorías ejecuta las acciones. No hay comunicación ascendente ni se tienen en cuenta las opiniones de las categorías inferiores. Este sistema se enfoca a la consecución de objetivos. Este tipo de liderazgo es reconocido como el liderazgo tradicional masculino, teniendo en cuenta que históricamente los varones han gestionado las organizaciones y empresas.

Los liderazgos horizontales, también llamados transaccionales, están enfocados al proceso y a la relación con las personas. Están asociados a los liderazgos femeninos, caracterizados por:

- Gran capacidad negociadora
- Alto nivel de comunicación, ascendente y descendente
- Visión global
- Trabajo colaborativo con equipos
- Alto grado de compromiso con las personas
- Preocupación por la motivación y la adhesión de los grupos
- Interés en fomentar la cooperación

Estas cualidades han sido desarrolladas históricamente por las mujeres como propias en la adquisición de roles por medio de la socialización.

Aplicar estos modelos de participación e inclusión de la perspectiva de género tiene consecuencias muy positivas para el funcionamiento del equipo de trabajo como es poder aprovecharse de las sinergias que aportan la variedad de conocimientos, informaciones y visiones. Por otro lado, se consiguen equipos de trabajo más eficientes y motivados.

Para integrar este modelo de trabajo es necesario tener en cuenta las siguientes recomendaciones:

1. Promover la participación en todos los procesos y niveles de la estructura del equipo.
2. Reconocimiento individual y grupal del trabajo.
3. Resaltar los logros alcanzados y las aportaciones individuales, aumentando así la motivación del grupo.

4. Es necesario contar con la opinión de todas las personas fomentando la pertenencia al grupo y la integración.
5. Es necesario delegar responsabilidades y crear un equipo autónomo en el trabajo diario, facilitando así la gestión del tiempo y la conciliación.
6. Valorar capacidades y características profesionales de las personas para una mejor selección del puesto de trabajo y funciones que deberá ocupar en relación a estas capacidades.
7. Humanización de los puestos de trabajo, favoreciendo un clima positivo y relajado por medio de:

   - Favorecer la comunicación.
   - Las relaciones interpersonales a través de la creación de espacios adaptados.
   - Respuestas personalizadas a conflictos o situaciones especiales.
   - Fomentar los objetivos comunes y compartidos.

Recuerde

La integración de la participación de todas las personas en los equipos de trabajo es la clave de la eficacia del trabajo.

Aplicación práctica

A continuación se describe el siguiente equipo de intervención social:

- **Formado por 9 mujeres y 0 hombres.**
- **La dirección del equipo está gestionada por Alicia. Mujer de 32 años, exigente, muy directiva, clara y estructurada. No le gusta la improvisación y procura que todo esté programado y diseñado con anterioridad. Todo pasa por su supervisión porque es perfeccionista y muy trabajadora.**

Continúa en página siguiente >>

<< Viene de página anterior

- **El 60 % de las mujeres tienen hijos a su cargo y horarios de mañana o tarde en algunos casos difíciles de compatibilizar.**
- **Una de las empleadas tiene una discapacidad del 33 % y no puede estar ni mucho tiempo sentada o de pie. Pero Alicia sabe que puede adaptarse perfectamente al ritmo de trabajo.**
- **El equipo arrastra tres años de rotación del personal del 80 %.**
- **El canal principal de este grupo es el correo electrónico.**
- **El volumen de trabajo diario no les permite reunirse una vez a la semana, como era el deseo de Alicia y de momento se adaptan y lo hacen una vez al mes.**

1. **¿Qué aspectos se podrían mejorar referentes al funcionamiento y estructura del equipo para conseguir que sea más eficaz desde una perspectiva de género?**
2. **¿Considera que su estructura es facilitadora de la participación?**
3. **Siendo todas las integrantes del equipo mujeres, ¿es necesario prestar atención al tratamiento de la perspectiva de género?**

SOLUCIÓN

1. La estructura tan piramidal y centralizada en la perspectiva y visión única de una sola persona (Alicia), el hecho que delegue poco el trabajo y las responsabilidades (todo debe pasar por su supervisión), otorgando poca autonomía a las trabajadoras, dándoles poco espacio para opiniones, cerrada a otras visiones o ideas (porque todo está diseñado con anterioridad), no son facilitadores de la participación, del sentido de pertenencia al grupo, la autonomía de las integrantes y por tanto, perjudica la efectividad del trabajo y la integración de la perspectiva de género. Esta directora repite patrones y roles masculinos. El alto nivel de rotación es un síntoma de una estructura que no funciona o que no presta atención a las personas que integran el equipo. El personal no se siente valorado y se marcha del equipo. Otras razones son la falta de sensibilización en cuanto a la conciliación familiar o las necesidades especiales de la mujer con discapacidad, a la que no se le adapta el trabajo a sus características especiales, sino ella debe adaptarse al trabajo. Y por último, la falta de comunicación, relaciones personales o puesta en común, por la falta de tiempo son aspectos negativos para el grupo y de la perspectiva de género en este equipo de trabajo.
2. No, por las razones expuestas el punto anterior.
3. Sí, por ejemplo en este caso, a pesar de ser todas mujeres existen desigualdades de género y repetición de estereotipos. La poca sensibilidad a la conciliación familiar o la dirección con una visión tan poco participativa reduce el desarrollo de las personas y se aleja de modelos con perspectiva de género.

3.4. Código Deontológico de los trabajadores del ámbito social y normativa vigente para la transmisión de la información garantizando los derechos de las personas implicadas

Ya se ha visto que la aplicación de la perspectiva de género de forma transversal en las diferentes acciones de las personas que forman los equipos de intervención y en la dirección de estos grupos es una recompensa en sí mismo, obteniendo así, equipos de trabajos más eficientes, más implicados con los objetivos que les ocupan, motivados, con mayor autoestima y con un aumento del sentido de pertenencia al grupo. Además, se benefician de la creatividad, sinergias entre las diferentes perspectivas, se aprovecha el gran valor que aporta al trabajo la perspectiva femenina y la visión más positiva de la entidad como organización socialmente responsable.

Pero además de estos beneficios, la transversalidad de la perspectiva de género está recogida en la Ley Orgánica 3/2007, de 22 de marzo, para la igualdad efectiva de mujeres y hombres y más concretamente en su artículo 15 *Transversalidad del principio de igualdad de trato entre mujeres y hombres.* Implicando por ello, la aplicación de los principios de igualdad en todas las acciones de comunicación y transmisión de información, así como, cualquier tipo de publicidad. De una forma más concreta, en su artículo 28 sobre *Sociedad de la Información,* se establecen medidas para velar por una información pública que garantice un contenido y lenguaje no sexista. Igualmente, en su Título III *Igualdad y medios de comunicación,* velará por la transmisión de una imagen igualatoria, plural y no estereotipada de mujeres y hombres.

Todos los organismos están obligados, por ello, a respetar la igualdad y en cualquier caso, evitar la discriminación laboral entre mujeres y hombres. La Ley 15/2022, de 12 de julio, para la igualdad de trato y la no discriminación, recoge en su artículo 22 la obligación que tienen los medios de comunicación social de respetar el derecho a la igualdad de trato entre mujeres y hombres y de evitar cualquier forma de discriminación en cuanto a la información que contienen.

También es importante resaltar, que las organizaciones de más de 50 empleados y aquellas que lo tengan establecido en su convenio colectivo estarán obligadas a realizar un Plan de Igualdad.

El plan de igualdad es un compromiso de la organización, a través de un conjunto de medidas adoptadas tras la realización de un diagnóstico previo, para alcanzar la igualdad efectiva entre mujeres y hombres y la eliminación de la discriminación por razón de sexo.

De cualquier forma, ya sea a través de medidas o planes de igualdad, todas las organizaciones están obligadas a tomar partida a favor de la igualdad y su incorporación tanto en la estructura de la organización como en sus procesos e inculcar este valor a todas las personas integrantes.

El Código Deontológico de los trabajadores de ámbito social es un documento en el que se recogen los principios, valores y normas que han de guiar el ejercicio de su profesión. De igual forma, este documento apoya y enmarca las acciones de las/os trabajadoras/es para integrar la igualdad de género en todas sus acciones. Se destaca el Capítulo II Aplicación de principios generales de la profesión, donde queda reflejada la Igualdad como un principio básico de la profesión, *cada persona posee los mismos derechos y deberes compatibles con sus peculiaridades y diferencias* y reconociendo en sus principios generales la igualdad de oportunidades, *de derechos, de equidad y de participación desde la convicción de que cada persona tiene capacidades para una mayor calidad de vida.*

Por último, es necesario destacar la Ley Orgánica 3/2018, de 5 de diciembre, de Protección de Datos Personales y garantía de los derechos digitales, como normativa de referencia para desarrollar las actuaciones en materia de transmisión de la información a los niveles superiores en el contenido de esta legislación, dado que la ley establece la obligatoriedad de todas las organizaciones, entidades o personas a un tratamiento especial respecto a los datos de carácter personal y a la imagen. Se prima el derecho al honor, a la intimidad personal y familiar. Por ello, y para garantizar estos derechos la ley exige una serie de tratamientos y procedimientos para garantizar estos derechos. Aquí se destacan los siguientes procedimientos:

- **Calidad de los datos:** hace referencia al tratamiento, procedimientos adecuados de los datos de carácter personal para asegurar que no sean transferidos a otras personas o entidades, o sean tratados para un uso distinto para el que fueron recabados.
- **Deber de secreto:** el personal técnico está obligado al secreto profesional.

- **Consentimiento informado:** la persona usuaria debe ser informada de que se usan sus datos personales y especificar la finalidad de este uso. Además, debe firmar un consentimiento informado.
- **Cesión de datos a terceros:** la persona usuaria debe estar informada en el caso de que sea necesario ceder los datos a terceros y deberá igualmente saber la finalidad y uso que estos terceros harán con los datos.

Recuerde

La implantación de la transversalidad de la perspectiva de género está recogida en la Ley de Igualdad Efectiva de Mujeres y Hombres.

3.5. Protocolos y estrategias de comunicación en equipos de intervención en igualdad

La comunicación interna, como se ha visto anteriormente, es muy compleja debido a todos los elementos, direcciones, canales o medios que la componen. La complejidad se agrava al incluir los distintos objetivos que persiguen las personas que toman partido en los procesos de comunicación, provocando la multiplicidad de variantes que se pueden obtener como resultados, coincidentes o no con los objetivos del grupo o la organización.

Por ello, para conseguir una exitosa comunicación interna que se ajuste a unos objetivos deseables por el equipo de intervención es necesaria la aplicación de un **plan de comunicación,** que contemple al menos los siguientes objetivos:

- Conseguir la igualdad efectiva de mujeres y hombres a través de un uso estratégico de la comunicación interna.
- Obtener un equipo de trabajo eficaz.
- Lograr, a través de la participación, aumentar el sentimiento de pertenencia al equipo, motivación y el enriquecimiento de las diferentes posturas.

- Unificar objetivos, valores y misiones del equipo de trabajo y de la organización a la que pertenece.

Para la consecución de estos objetivos es necesario establecer un plan de acción de la comunicación interna en el que se diseñarán unas estrategias específicas que contemple la comunicación de todas las personas integrantes de la organización. La secuencia de estas acciones sería la siguiente:

Esquema del plan de comunicación interna

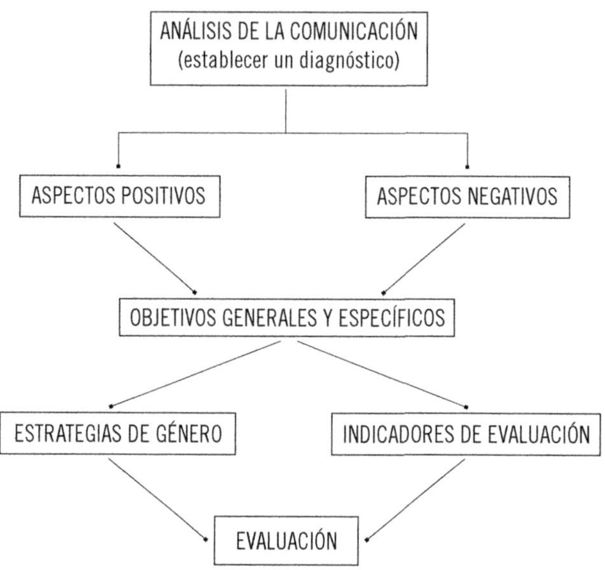

Como se puede ver es necesario establecer primero un diagnóstico inicial de situación de partida que indique qué aspectos se están llevando correctamente y cuáles son necesarios modificar. A continuación, es necesario establecer los objetivos que se pretenden alcanzar con las acciones de comunicación para que guíen las estrategias a seguir. El siguiente paso sería planificar unas estrategias de género con unos indicadores de evaluación, para que por último, se puedan cuantificar los resultados obtenidos con la aplicación del plan de comunicaciones con perspectiva de género.

A continuación, se elaborará un listado de buenas prácticas o estrategias que deben ir incluidas en el plan de comunicaciones para conseguir con éxito los objetivos propuestos:

- Informar de las acciones, objetivos y motivaciones que llevan a la organización a tomar la decisión de establecer un plan de comunicaciones.
- Protocolizar las comunicaciones asociadas a procesos. Esto quiere decir que se hace necesario que todas las comunicaciones conectadas a acciones de la organización o al equipo deben estar planificadas, definidas en cuanto a contenido, transversalidad de género, canales, medios o a las personas que se dirige. Por ejemplo, en cada reunión del equipo se debe recoger un acta o resumen de los asuntos tratados y decisiones acordadas, con un formato dado, que posteriormente se colgará en la intranet (con acceso de todo el equipo).
- Es necesario tener presente el acceso a los canales o medios de todo el personal para que la comunicación llegue a todas/os.
- Incluir una estructura facilitadora de la participación.
- Dotar al equipo de medios económicos y físicos para la puesta en marcha del plan.
- Desarrollar formación continua en comunicación interna con perspectiva de género para concienciar y dotar de habilidades para poner en marcha el plan.
- Intensificar los flujos comunicativos, en todas las direcciones, ascendente, descendente y horizontal. Es necesario establecer estructuras abiertas que favorezcan la transmisión de la información en todas las direcciones, pero siempre desde una estructura y planificación.
- Es necesario establecer indicadores de resultado que permita evaluar las estrategias y si es necesario modificarlas.
- Facilitar estructuras o mecanismos de evaluación y valoración por las personas que integran la organización sobre la validez de las estrategias o la aportación de *feedback*.
- Revisar el contenido de los mensajes para verificar su adecuación a los objetivos y comprobar que no contiene lenguaje sexista o discriminatorio.
- Revisar el lenguaje y las imágenes no solo de la comunicación sino también de todas las herramientas de comunicación, como son informes, actas, formularios, protocolos, etc.

Actividades

8. ¿A qué se refiere cuando se habla de humanizar los puestos de trabajo?
9. ¿Considera que la eficiencia en el trabajo debe ser un objetivo del plan de comunicación interna?
10. Realice un análisis de su equipo de trabajo y describa los objetivos de género que se plantearía para mejorar la comunicación interna.

Aplicación práctica

Siguiendo con la aplicación práctica anterior, describa las estrategias de género que podrían establecerse en este equipo de trabajo para mejorar la perspectiva de género y el funcionamiento del equipo.

SOLUCIÓN

Partiendo del déficit de participación y de los aspectos negativos que se habían detectado en la realización de la aplicación práctica anterior se pueden establecer las siguientes estrategias:

- Es necesario una formación y concienciación en género de todas las integrantes del equipo incluida la directiva. Concienciar e informar al equipo para que entienda las medidas que se llevarán a cabo es fundamental para la implicación y participación de todas.
- Promover la participación de todas las integrantes del equipo, intensificando los flujos de comunicación en todos los sentidos, ascendentes, horizontales y descendentes, a través de espacios y actividades que lo propicien. También es necesario, establecer canales de comunicación accesibles para todas las personas que integren la organización.
- Establecer una nueva organización del trabajo facilitadora de la conciliación familiar y de la atención, en la medida de lo posible, de las necesidades especiales de las personas procurando respuestas individuales.

4. Mecanismos de contraste de la información recabada

Como se ha visto anteriormente, es necesario realizar un análisis para detectar las desigualdades que puede presentar las entidades en su estructura, organización, comunicación interna, en sus procesos o actividades diarias.

Para recabar toda esta información, es necesario realizar una investigación a través de la recogida de datos que aporten información sobre cualquier aspecto de la organización que esté provocando situaciones de discriminación de mujeres u hombres.

Para recabar esta información es necesario acudir a fuentes de información que aporten datos e información concluyentes para conocer la realidad de las situaciones de desigualdad.

4.1. Fuentes de información

Según la Real Academia Española fuente es: *principio, fundamento u origen de algo,* por ejemplo fuente de información es confidencias, declaraciones o documentos que sirven de base para la elaboración de una noticia o reportaje periodístico.

Desde una perspectiva más amplia, fuente de información es todo aquello que contiene datos susceptibles de ser útiles para satisfacer una necesidad de información o conocimiento.

Las características que describen a las fuentes de información son las siguientes:

- Pueden estar disponibles en una gran diversidad de formatos.
- Sirve para atender demandas de información de cualquier persona y para la creación de nuevo conocimiento.
- Están ubicados en lugares físicos o virtuales.
- También pueden proceder de personas o instituciones.
- La finalidad con la que fueron creados puede ser o no para satisfacer necesidades de información.

Los tipos de fuentes de información pueden ser clasificados según diferentes aspectos, los más relevantes se describen en el siguiente cuadro.

CUADRO RESUMEN DE FUENTES DE INFORMACIÓN	
CLASIFICACIÓN	**TIPOS DE FUENTES**
Según la forma de registro o soporte	Textual Gráfica Sonora Audiovisual Electrónica
Por el carácter de la información	Primaria Secundaria
Por la procedencia de la información	Interna Externa
Atendiendo al canal	Oral Documental
Según su procedimiento	Formal Informal

Destacan dos clasificaciones que tienen especial relevancia en cuanto al tema que se está tratando, atendiendo a las fuentes y al tipo de procesamiento.

Según la clasificación de las **fuentes,** el carácter de la información puede ser primaria o secundaria. La fuente de información primaria hace referencia a aquella información que es original y que ha sido creada como resultado del estudio, investigación o del intelecto de uno o varios autores. Y la fuente de información secundaria hace referencia a aquellas fuentes basadas en otras fuentes primarias u otras fuentes secundarias para crear sus contenidos.

Por otro lado, en la clasificación según **su procesamiento,** se dividen en formal o informal. Las fuentes de información formales son aquellas que genera la organización de una forma estructurada, organizada y medida con unos objetivos de información establecidos. Y las fuentes de información informales son aquellas que no están organizadas o estructuradas, surgen como consecuencia de los procesos de trabajo, del día a día. Se habla aquí de una nota, un correo electrónico, informaciones que generan los empleados, el rumor, etc.

Nota

Las fuentes de información informales son, en muchos casos, la base de las investigaciones cualitativas, como se verá más adelante.

Se destacan estas dos clasificaciones porque a la hora de realizar una investigación de género es importante saber cuáles son las fuentes de información primarias o secundarias, para distinguir los focos originarios de desigualdades.

Recuerde

Las fuentes de información formal están estructuradas y organizadas y las informales no.

4.2. La confiabilidad y validez

En aspectos generales la recogida de datos se basa fundamentalmente en investigaciones cualitativas que se extraen desde la observación por parte del investigador, de la información que aportan integrantes de la organización y en escasas situaciones provienen de fuentes documentales o investigaciones anteriores que haya realizado la propia organización o que proceda de fuera de la organización. Esta situación plantea una problemática basada en la veracidad y confiabilidad de los datos obtenidos.

Los aspectos más importantes que afectan en la confiabilidad de estas fuentes son:

- La propia sistemología interpretativa propia de las investigaciones cualitativas.
- La subjetividad del investigador.
- La perspectiva sesgada de los informantes.
- La escasez de datos cuantitativos relevantes o de dudosa procedencia.

Se hablará de dos conceptos básicos para evitar la percepción de desconfianza de los datos recogidos y la forma en que es necesario contrastar la información para la objetividad y aproximación con la realidad de la situación.

La confiabilidad y validez hacen referencia al valor positivo que se puede otorgar a los instrumentos, a la información recabada o a las conclusiones para establecer confianza en los resultados hallados.

A continuación, se verán las metodologías que permitan desarrollar la confiabilidad y validez en las conclusiones que se produzcan en las investigaciones cualitativas y que, por tanto, tengan una mayor aproximación para dar una explicación real de lo que está sucediendo, respondiendo a las preguntas claves: qué, cómo, cuándo, por qué y cómo solucionarlo.

Una pieza clave en la investigación es realizar un exhaustivo procedimiento que vaya de fuera hacia dentro. Esto quiere decir, que las investigaciones deben comenzar por la parte más ajena a la situación concreta, más alejada de las personas protagonistas, la parte que pueda ser más objetiva y neutral, ajena a la situación u agentes observadores para realizar una primera línea general de conflicto o una situación de partida. Posteriormente, se puede pasar a una investigación más interna con la participación de los protagonistas o análisis de la información procedente del interior.

A continuación, se realizará una descripción de las estrategias más significativas para aportar la confiabilidad y veracidad a la investigación:

1. Es necesario que las premisas o categorías descriptivas sean concretas o específicas para evitar las interpretaciones.

2. Implicación y participación de informantes claves para confirmar la objetividad.
3. Utilización de instrumentos que permitan conservar las realidades en vivo, videos, grabaciones, etc.
4. La recogida de información debe estar guiada por una metodología exhaustiva, estructurada y sistematizada. No por ello, cerrada o impermeable a nuevas perspectivas que clarifiquen las realidades halladas.
5. Contrastar la información obtenida con varias fuentes distintas para verificar su validez.
6. Participación de varios investigadores que aporten los mismos hallazgos y coincidan en sus conclusiones.
7. Implicación en la investigación de los protagonistas como parte activa de los procedimientos, no solo en la aportación de datos e informaciones, sino en debates y aportaciones de perspectivas diferentes que guíen los procedimientos.
8. Utilización de técnicas cualitativas con refuerzos en datos obtenidos mediante la investigación cuantitativa.
9. Variedad en el uso de herramientas de análisis, como entrevistas, observación directa, encuestas, grupos de opinión, fuente de datos formales e informales, etc.

Actividades

11. ¿Son las fuentes de información informales veraces para la aportación de datos cualitativos? Justifique su respuesta.
12. ¿Considera de utilidad para el contraste de la información el uso de dos investigadores en los análisis de la realidad de la organización? Justifique su respuesta.

5. Análisis de los tipos de mensajes bajo el enfoque de género y utilización de estrategias de comunicación para impulsar la igualdad

El mensaje es el contenido de la comunicación, la información que se quiere transmitir al receptor. En el caso de la comunicación interna, el mensaje es la materialización de los ideales, formas de pensar, conocimiento, filosofía de una organización. A través de la comunicación interna se transmite la información base que guiará las acciones de todas/os las/os integrantes de una entidad.

Pero la comunicación interna, no es solo la comunicación vertical descendente que se aplica como emisión de los parámetros o reglamentos que deben ser acatados por las personas que forman la organización. Sin la menor duda, estos contenidos son de gran influencia y es necesario un análisis exhaustivo de ellos, para detectar cualquier transferencia de estereotipos o desigualdades que acontezcan en estos canales.

Lo enriquecedor de este análisis es que también es necesario hacer hincapié en todas las direcciones en las que se produzcan la transmisión de mensajes para evaluar su contenido.

La comunicación vertical-descendente contiene una información estructurada, pensada y diseñada, cuyo contenido es prioritario revisar y diseñar con perspectiva de género para establecer las bases de la equidad en la organización. Aquí se hace referencia a toda esa documentación elaborada por las/os trabajadores de nivel superior, como estatutos, reglamentos, notas informativas, normas de uso interno, nóminas, contratos, protocolos, cartas, correos electrónicos, etc.

Importante

Los mensajes se transmiten en todas las direcciones, horizontal, vertical, ascendente o descendentes, pero en todos los casos es necesario un análisis para detectar desigualdades.

La estrategia de comunicación para impulsar la igualdad en este tipo de comunicación es el análisis del contenido o de los mensajes en la transmisión de información, que debe tratar de detectar los siguientes rasgos de desigualdad:

- Mensajes en cuyo contenido se use un lenguaje sexista.
- Mensajes que reproduzcan estereotipos o roles de género.
- Mensajes que pongan a la mujer en un plano inferior o simplemente que la ignoren o no la tengan en cuenta.
- Mensajes que contengan cualquier tipo de vejación o denotación hacia mujeres u hombres.

A continuación, se analizan los siguientes aspectos que son básicos para evitar el uso sexista de la comunicación:

- **La sobregeneralización:** es el uso genérico de lo masculino para representar a la totalidad de la población o al conjunto de personas a quien va dirigido los mensajes. Se refiere tanto a mensajes escritos, hablados o en imágenes.
  Por ejemplo, si una organización emite este anuncio: *Se necesita Director de equipo en campaña de... los candidatos deben enviar sus currículum a la dirección...;* se usa el masculino Director y candidatos excluyendo a las mujeres de la oferta de trabajo y haciendo un uso sexista en el mensaje. Se debe sustituir por *ocupar un puesto directivo, las personas candidatas.*
  Otro ejemplo podría ser el que se ve a continuación *Sección de los Estatutos de una organización.*

TITULO IV ÓRGANOS DIRECTIVOS

Art.17º. - La dirección y administración de la Asociación correrá a cargo de una Junta Directiva y de la Asamblea General.

TITULO V DE LA JUNTA DIRECTIVA

Art.18º. - La Asociación será gestionada y representada por una Junta Directiva formada por: un Coordinador, uno o dos Subcoordinadores, un Secretario, un Tesorero, un Vicetesorero y cuatro o cinco Vocales (en función del número de Subcoordinadores), total diez miembros, cargos todos que deberán recaer en socios de pleno derecho (socios de número). Todos los cargos que componen la Junta Directiva serán gratuitos. Estos serán designados y revocados por la Asamblea General y su mandato tendrá una duración de cuatro años, renovables tácitamente.

Art.19º. - El cese en el cargo antes de extinguirse el término reglamentario podrá deberse a:

a. Dimisión voluntaria presentada mediante un escrito en el que se razonen los motivos.
b. Enfermedad que incapacite para el ejercicio del cargo.
c. Causar baja como miembro de la Asociación.

Nuevamente se usa el masculino como representación de la totalidad de las personas integrantes de la organización. Sustituir por *Coordinador/a, secretario/a, socios/as, etc.*

- **La sobreespecificación:** es un error, también común, atribuir como específico de un género (normalmente referido al femenino) hechos, intereses, necesidades, problemas o situaciones que afectan a ambos. Por ejemplo, los mensajes con contenido de igualdad se identifican como de interés femenino, cuando en realidad afectan a todas las personas de la organización.

- **La estereotipación:** los mensajes reproductores de estereotipos siguen siendo una realidad que se encuentran en la cotidianidad de una organización. Por ello, es necesario romper con estos mensajes, mostrando textos e imágenes carentes de clichés sexistas, utilizando las siguientes estrategias:

  - Mostrar a ambos sexos representados al mismo nivel de poder y participación.
  - Integrar al hombre en mensajes y contenidos relativos a las tareas del hogar y el cuidado de la familia.
  - Desasociar a la mujer del mundo del hogar como único papel a representar en la sociedad.
  - Mostrar a mujeres y hombres trabajando en cooperación y en igualdad de condiciones.
  - Ofrecer a ambos sexos las mismas oportunidades, basándose únicamente en valores de cualidades profesionales.

Por ejemplo, en una nota informativa: *El día 27 de abril tendrá lugar en la sala 25 una reunión dirigida a las limpiadoras, donde se tratarán la aplicación de la nueva normativa. Se ruega confirmar asistencia a través de un correo al jefe de sección.*
Estereotipo sexista *limpiadoras* donde se repite el papel de su etiqueta de ama de casa (sustituir por personal de limpieza). Estereotipo sexista *Jefe de sección* se sitúa al hombre en los niveles de poder, excluyendo a la mujer de estos papeles.

Definición

Lenguaje sexista
Se reconoce como una forma de exclusión que refuerza la situación de discriminación hacia las mujeres y promueve la generación de estereotipos.

El lenguaje sexista es un reflejo de las desigualdades que sufren las mujeres y el desigual reparto de poder en la sociedad.

Es a través del análisis de estos mensajes donde se detectan las desigualdades de género. Y es, a través del análisis y construcción de nuevos mensajes en los que se le haya aplicado la perspectiva de género, cuando se comenzará el cambio hacia una organización más igualitaria.

Por otro lado, la comunicación horizontal presenta una característica exclusiva que la hace llevar asociado unas estrategias específicas. Estas características son:

- El control de esta comunicación no lo tiene la organización.
- Es una comunicación más improvisada y espontánea. No está pensada y estructurada como la anterior.
- En muchas ocasiones es desconocida para la organización.

Debido a esto, es mucho más complicado incidir y controlar los flujos de comunicación y los mensajes que se transmiten.

Para ello, las únicas estrategias que se pueden usar para prevenir situaciones de desigualdad o incluso violencia de género, son las siguientes:

- Establecer una comunicación ejemplar en el uso de contenidos no sexista desde la organización, exigiendo el mismo grado de implicación en las estrategias a todas las personas integrantes de la misma.
- Formación en género continuada para todas las personas de la organización.
- Emisión de campañas de sensibilización para ayudar en los cambios de actitud e inculcar nuevos valores en igualdad, formas de pensar y organización equitativa dentro de la entidad.

Actividades

13. ¿Qué es el lenguaje sexista?
14. ¿Qué es la sobreespecificación?

6. Manejo del concepto de comunicación persuasiva para la promoción del cambio

A continuación, se verá cómo a través de la comunicación persuasiva se puede obtener *cambios de actitud* en las personas con un objetivo fijado por el emisor.

Se entiende por persuasión *cualquier cambio que ocurra en las actitudes de las personas como consecuencia de su exposición a una comunicación,* Petty y Cacioppo (1986).

La persuasión es una técnica de comunicación que busca, con intencionalidad, el cambio de actitud, pensamiento o ideas en las personas destinatarias del mensaje.

La persuasión es usada con más frecuencia de la que se piensa, en publicidad, en discursos religiosos, en política o en la vida cotidiana para conseguir convencer a otra persona.

Otra definición de persuasión, *es una actitud o proceso en el que un comunicador intenta inducir un cambio en las creencias, actitudes y/o conductas de otra persona o grupos de personas a través de la transmisión de un mensaje y en un contexto en el que el receptor (o receptores) del mismo tiene la posibilidad de aceptar o rechazar la recomendación que se le propone,* Perloff (1993).

Ambas definiciones coinciden en que lo que caracteriza a la comunicación persuasiva, como es el *cambio de actitud* y esto puede conseguirse mediante dos estrategias de persuasión: la técnica **racional** o la técnica **emocional.**

La técnica racional hace alusión al uso, por parte del emisor, de un argumento basado en evidencias científicas, en el conocimiento o raciocinio, es decir, en la parte contrastable y verificable del mensaje, aludiendo a la verdad como argumento del cambio. Por otro lado, la técnica de las emociones pretende llegar a los sentimientos del receptor, a sus deseos, miedos, ideales, aspiraciones o emociones. Cuando ambas técnicas se conjugan son el éxito de la persuasión. A pesar de que se podría pensar que la técnica racional debe ser la más efectiva, la realidad es que los seres humanos no siempre se dejan guiar por la razón, muchas de las acciones no tienen una justificación racional y son los impulsos o sentimientos los que guían las acciones.

Ejemplo

Una argumentación racional para la igualdad de género estaría basada en la ley de igualdad efectiva entre mujeres y hombres y una argumentación emocional estaría basada en cómo se sentiría si sufriera una discriminación por razón de género.

Es importante resaltar que al igual que en cualquier comunicación, la persuasión contiene elementos que influyen en la obtención de un resultado positivo, hay que tener en cuenta que entre emisor y receptor existen cinco pasos que influyen en el resultado de la comunicación como son: lo que el emisor quiere decir, lo que dice, el mensaje en sí, lo que recibe el receptor, lo que entiende el receptor. Es decir, está influenciada por las barreras del emisor, del receptor o externas que afectan a la comunicación, hay que tener en cuenta un contexto que puede ser facilitador o no de que el mensaje sea entendido, los canales o medios usados, la comunicación no verbal que puede reforzar o negar el mensaje verbal, o el mensaje en sí mismo. Todos estos elementos son parte influyente en la comunicación persuasiva y deben tenerse en cuenta para conseguir los objetivos.

La comunicación persuasiva no es la que está fundamentada en técnicas o habilidades de manipulación o en tratar de tergiversar y modificar la verdad para conseguir los objetivos.

También es común cometer errores como:

- Tratar de criticar o hacer juicios ante otros planteamientos.
- La competitividad llegando a descalificar a otras personas.
- No ser transigente con puntos de vista distintos.

La fórmula más acertada en comunicación persuasiva es el gano - ganas, en el que cada parte obtiene un beneficio con el resultado de cambio de actitud. Con ello, se pretende ofrecer al receptor los beneficios que obtendrá al realizar el cambio, con lo que aumentará las posibilidades de que lo haga.

A través de la comunicación persuasiva se va haciendo ver a las personas cómo se verán recompensadas con la nueva situación. El agente emisor del mensaje persuasivo tiene como objetivo provocar un cambio en las personas receptoras del mensaje.

La argumentación para conseguir este objetivo debe centrarse en los beneficios del cambio. Un ejemplo sería explicar a integrantes del equipo los efectos positivos que tiene la adopción de la perspectiva de género y que puedan valorar las ventajas de un cambio de actitud, no solo para el equipo sino para cada integrante individualmente.

Aspectos positivos que facilitarán la comunicación persuasiva por parte del emisor son los siguientes:

- Credibilidad, cuando el emisor tiene por parte del receptor un alto grado de confiabilidad, por experiencias anteriores, argumentaciones basadas en la razón, su situación social de credibilidad (como el médico, maestro, abogado, etc.), es más probable que ejerza más peso su argumentación persuasiva.
- Honradez, se hace referencia al grado bajo de interés por parte del emisor del cambio.

- Autoridad, otorgada por la relación de poder establecido entre emisor/receptor.
- Atractivo, como cualidades del emisor. Sus dotes de seducción y su atractivo.

Importante

La credibilidad del emisor es, sin duda alguna, el factor más influyente en el éxito de la comunicación persuasiva.

A continuación, se verán algunos aspectos que deben tenerse en cuenta a la hora de la construcción de los mensajes facilitadores de la persuasión:

- **El destinatario:** el mensaje debe estar destinado a un público concreto para construir un mensaje diseñado para ese público.
- **Deben satisfacer necesidades:** siendo la argumentación una forma de sugerir cómo satisfacer esas necesidades. Las necesidades deben ser reales o construidas por el emisor.
- **Sencillez/brevedad:** es mucho más efectivo cuando las argumentaciones son claras y sencillas. Comprensibles por el receptor y con la información suficiente para conseguir los objetivos. El exceso de información solo lleva a la complicación y la pérdida de interés.
- **Metamensaje:** toda comunicación lleva solapada otros mensajes secundarios, intencionados o no y diferentes del mensaje principal o primario. Es necesario que estos mensajes secundarios sean aliados del objetivo de la comunicación persuasiva y no disuasorios de la intencionalidad.
- **Familiar:** el contenido del mensaje debe adaptarse a la realidad, experiencia, cultura, creencias, valores, contener lenguaje y signos identificables o cercanos al receptor para que la comprensión y aceptación del mensaje sea mayor. Se acepta lo conocido y se rechaza lo nuevo o diferente.

- **La participación:** en las comunicaciones personales y cuando se puede hacer uso de la retroalimentación. Consiste en hacer partícipe, a través de preguntas y planteamientos que involucre al receptor, reforzando así el mensaje y consiguiendo una mayor efectividad del mismo, debido a que es el propio receptor el que da pistas sobre las características que debe tener ese mensaje para que despierte su interés.

Las estrategias persuasivas permiten construir argumentaciones efectivas rodeadas de un contexto, actitud, presentación adecuados. Estas estrategias pueden ser:

- **El miedo:** se pretende convencer aludiendo a argumentaciones basadas en que algo de malo ocurrirá si no cambia su actitud. Es más efectivo cuando las consecuencias son inmediatas o cercanas en el tiempo y probables que cuando se alega una posibilidad remota o con una probabilidad baja.
- **Disonancia:** consiste en crear sentimientos desagradables en el receptor y posteriormente poner a su disposición una solución a esta situación no deseada.
- **Compromiso/compromiso escalonado:** se trata de concertar con el receptor un compromiso. Es más efectivo cuando este compromiso es de poca importancia y a medida que comprueba los beneficios o ventajas de esta nueva actitud ir progresivamente pidiendo que adquiera un compromiso mayor.
- **Escasez:** esta estrategia está basada en que lo que es escaso o no disponible es más deseado y valioso. Todas las personas luchan por obtener esos recursos escasos o exclusivos antes que otros que también lo desean.
- **Reciprocidad:** se basa en la disposición del emisor para mostrar servicialidad, amabilidad, sinceridad, usar la empatía, etc. Por el principio de reciprocidad se suponen que se debe dar el mismo trato que se recibe.
- **Autopromoción:** se basa en la intención de resaltar las condiciones personales para ser una persona competente, válida y experta.
- **Promesas:** a través de las recompensas materiales o inmateriales se convence al receptor siempre que lo prometido sea valorado y apreciado por él.

- **Moral:** se hace alusión a la inmoralidad de quienes no realicen el cambio de actitud.
- **Consenso:** se basa en que la mayor parte de las personas no quieren estar aisladas, sino que su deseo es de pertenencia al grupo, de estar con la mayoría y de sumarse al consenso mayoritario.

Aplicación práctica

Analice los siguientes mensajes y detecte en cada uno de ellos cuáles serán las estrategias de persuasión que pretende usar el emisor en cada uno de ellos:

1. **"La igualdad no es una opción es un derecho. Seas niño, seas niña, seas hombre o mujer todos y todas nacemos con los mismos derechos".**
2. **"El estrés provocado por los horarios incompatibles con la vida familiar y social tiene como consecuencia un alto índice en las organizaciones de absentismo y bajas laborales. Una correcta aplicación de medidas de conciliación familiar negociadas con las/os trabajadoras/es reduce la incidencia de estas horas perdidas y aumenta la efectividad del trabajo".**
3. **"54 personas perdieron la vida el año pasado víctimas de la violencia de género. Si no quieres que tus hijas/os sean los protagonistas de esta historia: 'Educa en igualdad de género'".**
4. **"La mujer aporta a los equipos de trabajo una visión más global. Tiene una alta capacidad para captar posibles conflictos y resolverlos. Su gran capacidad negociadora enfoca los acuerdos hacia el gano-ganas, llevando al éxito a través de una satisfacción de ambos...".**

SOLUCIÓN

1. Estrategia moral
2. Estrategia de disonancia
3. Estrategia del miedo
4. Estrategia de la autopromoción

Actividades

15. ¿Considera que siempre existe una intencionalidad en la comunicación persuasiva? Justifique su respuesta.
16. ¿Qué efectos puede tener los metamensajes en la comunicación persuasiva?
17. ¿Considera apropiado el uso de estrategias basadas en las técnicas emocionales para un cambio de actitud referentes a la aplicación de la perspectiva de género? Justifique su respuesta.

7. Resumen

En este capítulo, se deben destacar los procesos de comunicación interna y su importancia como mecanismo favorecedor de la igualdad efectiva de mujeres y hombres, prestando una especial relevancia a cómo el tratamiento y transferencia de información, desde una perspectiva de género, puede ser potenciadora de relaciones de igualdad que generan beneficios al equipo integrante de la organización. Estos beneficios se obtendrán a través de estrategias de comunicación basadas en la participación de todas las personas integrantes del equipo de intervención en igualdad.

La incorporación de esta perspectiva de género y como consecuencia de la adopción de tratamientos potenciadores de la igualdad, es un derecho reconocido y avalado internacionalmente que culmina en España en la Ley de Igualdad Efectiva de Mujeres y Hombres. Las entidades y organizaciones están obligadas a evitar la reproducción de desigualdades y estereotipos de género, tomando una postura activa en el camino hacia la igualdad efectiva entre mujeres y hombres.

La aplicación de estrategias que tienen como objetivo la igualdad efectiva, comienza a través del diseño de un buen plan de comunicaciones con perspectiva de género, por parte del equipo de intervención en igualdad, comenzando con un análisis y diagnóstico de partida de desigualdades en la organización. Este análisis se realiza a través de las investigaciones cualitativas, donde las fuentes principales de información son la propia entidad y las personas que la integran. Por ello, se debe prestar especial atención a los procedimientos y mecanismos de contraste de la información para obtener resultados confiables y válidos.

Partiendo de los resultados, establecer un plan de comunicación interno que recoja dicho análisis inicial, el planteamiento de objetivos de igualdad, las estrategias y procedimientos para erradicar dichas desigualdades y la forma y sistemas de evaluación de los resultados.

Por último, los procedimientos y estrategias de la comunicación persuasiva se pueden convertir en un aliado para conseguir, en integrantes del equipo, un cambio de actitud que termine con los procedimientos y acciones reproductoras de desigualdades. Entre las estrategias de la persuasión, es preferible la fórmula gano - ganas, donde ambas partes se benefician de los cambios de actitud, facilitando que se adopten dichas posturas cuando se obtienen recompensas para todos, con la nueva situación de igualdad efectiva.

Ejercicios de repaso y autoevaluación

1. Señale si las siguientes afirmaciones son verdaderas o falsas.

a. Las barreras de la comunicación dificultan la descodificación del mensaje.

- ☐ Verdadero
- ☐ Falso

b. La comunicación vertical es aquella que se produce entre personas de diferentes niveles jerárquicos.

- ☐ Verdadero
- ☐ Falso

c. La comunicación interna de una organización se da cuando se promociona un servicio dentro de una comunidad.

- ☐ Verdadero
- ☐ Falso

2. Relacione correctamente los siguientes conceptos con su definición.

a. Fuentes de información informales.
b. Fuentes de información primarias.
c. Fuentes de información secundarias.

__ Hace referencia a fuentes originales surgidas del intelecto de uno o varios autores.
__ Están basadas en otras fuentes para crear sus contenidos.
__ No están organizadas o estructuradas y surgen como consecuencia de los procesos de trabajo.

3. La aplicación de la transversalidad de la perspectiva de género en comunicación se refiere a...

a. ... chequear las acciones de comunicación para que no exista discriminación.
b. ... potenciar la visión de las mujeres y sus necesidades.

c. ... analizar las diferencias de ambos sexos, con una visión no excluyente y considerando a mujeres y hombres de forma independiente. Aplicando este proceso en todas las fases de la comunicación.
d. ... establecer un análisis de género como primera etapa del plan de acción de comunicación considerando a la mujer como objetivo prioritario, atendiendo a sus necesidades y adaptando el contenido a su visión particular de entender el mundo y romper con las construcciones sociales de desigualdad.

4. Busque en la siguiente sopa de letras algunas de las fuentes de información.

I	N	F	O	R	M	A	L
N	E	X	T	E	R	N	A
T	A	M	Q	T	U	B	U
I	N	T	E	R	N	A	T
O	R	A	L	S	U	L	X
P	S	O	N	O	R	A	E
G	R	A	F	I	C	A	T

5. ¿Qué es el Código Deontológico de los trabajadores del ámbito social?

____

____

____

____

6. Complete la siguiente oración.

La comunicación ____________ se produce en dos sentidos, sentido ____________ desde los niveles inferiores de la jerarquía hacia los superiores y sentido ____________ desde los niveles superiores a los inferiores.

7. ¿Qué son los estereotipos de género?

8. El aspecto que debe tenerse en cuenta para la construcción de mensajes facilitadores de la comunicación persuasiva es...

a. ... el destinatario.
b. ... que debe satisfacer necesidades.
c. ... que debe ser sencillo y breve.
d. ... el metamensaje.
e. Todas las opciones son correctas.

9. Indique cuál de las siguientes recomendaciones no promueve la igualdad en equipos de trabajo.

a. Fomento de la participación.
b. Selección del personal basado en valoraciones de capacidades y características profesionales.
c. Respuestas colectivas a las necesidades.
d. Fomento de la comunicación en todas las direcciones.

10. ¿Qué se entiende por comunicación persuasiva?

Capítulo 2

Estrategias comunicativas para dar respuesta a las demandas del entorno desde la perspectiva de género

Contenido

1. Introducción
2. Detección y análisis de necesidades entre una población determinada: la necesidad de información
3. Identificación de la igualdad real como objetivo de la comunicación
4. Definición de públicos diana en base al objetivo de comunicación planteado
5. Descripción y caracterización de las fuentes de comunicación /información claves existentes
6. Elaboración de mensajes que rompan con la reproducción de estereotipos sexistas y favorezcan la visibilización del papel de las mujeres en el entorno de intervención
7. Utilización del lenguaje incluyente y superación del sexismo lingüístico
8. Descripción y caracterización de los soportes de comunicación existentes (formales e informales)
9. Descripción y caracterización de los canales de comunicación existentes (formales e informales)
10. Generación de soportes de comunicación en distintos formatos (bibliográficos, audiovisuales, digitales, etc.)
11. Identificación del entorno tecnológico como nuevo escenario desde donde intervenir
12. Resumen

1. Introducción

La publicidad constituye un sinfín de variedades en su producción que puede materializarse en diferentes soportes de comunicación. En la actualidad, cada vez más, los creadores de publicidad tratan de impresionar, sorprender o captar la atención de su audiencia de maneras muy diversas. Esto ha conducido a la proliferación de novedosas materializaciones de la publicidad o soportes que no siempre son de alto coste y que sin embargo cumplen sus objetivos de mercadeo. Por ello, no solo se puede englobar en la publicidad a las grandes producciones de las firmas poderosas que usan lo que se conoce como *mass media* o medios de comunicación de masas, sino que desde un pequeño cartel confeccionado por las personas integrantes de una asociación hasta los costosos anuncios de televisión son formas de comunicación.

Pero, por muy diversas que sean las formas de comunicación, toda la publicidad es una forma de persuasión que pretende causar una impresión, un impacto que provoque un cambio de actitud. Este cambio de actitud puede estar enfocado a diferentes objetivos, ventas de productos o servicios, cambios de ideas, sensibilización, disuasión de comportamientos, etc. Para la consecución de los objetivos se usa la transmisión de los estereotipos de género, los cuales se muestran como manifestaciones de un mundo de valores, creencias y formas de vida que se presentan como generales y reales. Pero estas manifestaciones estereotipadas generan desigualdades, ya que no representan la diversidad de toda la población a la que la publicidad va dirigida.

La mujer en la publicidad ha ocupado ese segmento de la población discriminado, cuyas representaciones estaban sesgadas a su papel tradicional, fundamentalmente centrado en el ámbito privado y cuyo lenguaje sexista y androcentrista dejaba a la mujeres fuera de la representación, más allá de sus roles tradicionales o la utilización de su cuerpo como reclamo de venta.

Se verá a continuación la importancia que tiene la planificación e implementación de estrategias de comunicación con perspectiva de género, en la creación de nuevas construcciones significantes que representen a mujeres y hombres por igual, visualizando a ambos en todos los ámbitos: públicos, privados, económicos, políticos y social.

2. Detección y análisis de necesidades entre una población determinada: la necesidad de información

A la hora de emprender un proyecto de comunicación se hace imprescindible conocer con anterioridad cuáles son las necesidades reales de información de la población destinataria del proyecto. A menudo, uno de los errores de las organizaciones consiste en pretender poner en marcha programas o proyectos, perfectamente elaborados y con recursos o servicios de alta calidad, pero sin contar con la comunidad. Una vez iniciados estos proyectos, consumidos recursos económicos o materiales se sorprenden de que los resultados no sean los esperados. Si la comunidad no siente la necesidad, no acudirá o buscará la solución porque no responde a sus necesidades. Conocer cuáles son estas necesidades concretas y sentidas por la comunidad y cuáles pueden ser las soluciones a estas necesidades, son las claves para lograr el éxito de los proyectos sociales.

Nota

En el diagnóstico de las necesidades es imprescindible analizar la información desagregando los datos por sexo para detectar las desigualdades de género.

Para entender a la comunidad, es preciso entender sus particularidades y necesidades, reales y sentidas, a través de la escucha activa. De igual forma, hay que diseñar herramientas para el análisis de las necesidades que tengan en cuenta las particularidades de mujeres y hombres sin sesgos discriminatorios. Es necesario aplicar la perspectiva de género en todas las fases del diagnóstico de las necesidades y en todas las acciones de la comunicación. Detectar las necesidades reales y sentidas de la población es el primer paso para establecer comunicaciones adaptadas al público y a sus intereses.

2.1. Las necesidades y su clasificación

Las necesidades se pueden definir como: todo aquello imprescindible para la vida en un estado de salud integral. Pero también se puede entender como carencia sentida por una o varias personas y que es susceptible de ser satisfecha. De estas dos definiciones se puede detectar que existen dos visiones de necesidades, según se tome el concepto desde un punto de vista concreto de las necesidades básicas para vivir, reconocidas como justas y necesarias para una vida con dignidad como son: el agua, los alimentos, una vivienda, acceso a la educación o a la sanidad. Pero también existe otra visión más amplia, como es la clasificación de las necesidades según el psicólogo norteamericano Abraham Maslow. Este especialista realizó una clasificación de las necesidades en cinco grupos o niveles, estableciendo una jerarquía que representó en la pirámide de Maslow:

Pirámide de Abraham Maslow de clasificación de las necesidades

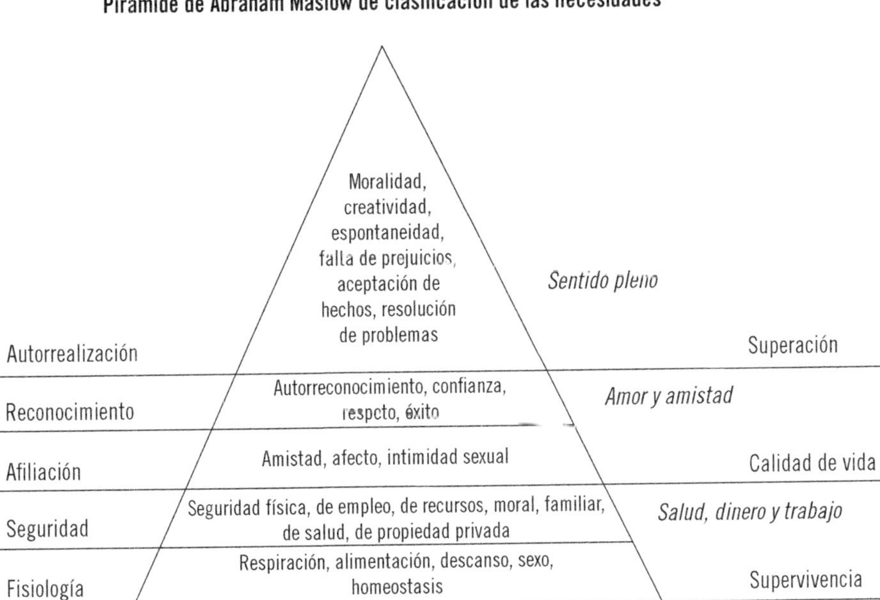

Según la teoría de la pirámide de Maslow las personas cubren sus necesidades de forma escalonada: a medida que atienden las necesidades de un nivel, necesitarán cubrir las del siguiente escalón en la pirámide, hasta llegar al último grado, en el cual el individuo buscará cubrir sus necesidades relacionadas con la autorrealización y el desarrollo pleno. El escalón básico de Maslow es el de las necesidades fisiológicas, alimento, respirar o agua. Cuando el ser humano tiene ya cubierta estas necesidades empieza a preocuparse por la seguridad de que las necesidades anteriores estén cubiertas en un futuro y por la seguridad frente a cualquier daño. Cuando sienta seguridad buscará cubrir nuevas necesidades, como la aceptación, el poder o el éxito y por último, la autorrealización plena.

2.2. Detectar necesidades y su beneficio

A continuación, se evaluarán las ventajas de realizar un diagnóstico participativo de necesidades junto con la comunidad y las personas beneficiarias de este análisis.

Las necesidades, como se ha visto, son aquellas carencias que sienten las personas, pero también pueden ser sentidas por un grupo o comunidad. Se ha hablado igualmente de las necesidades básicas de alimentos, agua, etc., estas necesidades son más objetivas y fáciles de detectar en la comunidad pero a medida que se escala en la pirámide de Maslow, estas se hacen más subjetivas y difíciles de entender sino se hace a través de la expresión o manifestación de sus protagonistas.

¿Cuáles son los beneficios de detectar estas necesidades? Y, ¿a quién beneficia que estas necesidades surjan de la propia comunidad?

Por un lado, los beneficios que se obtienen de realizar un análisis de las necesidades serían los siguientes:

- Entender a la comunidad con la que se va a trabajar y no solo basarse en opiniones subjetivas y sesgadas por la propia experiencia.
- Detectar cuál es la visión que la comunidad tiene de un problema, cómo lo viven y cuáles son las posibles soluciones para resolverlo desde su punto de vista.
- Una vez detectados estos puntos, se podrá afrontar mejor las necesidades y priorizarlas, para enfocar de una manera más concreta las posibles

soluciones, y en la medida de lo posible que estas soluciones partan de la propia comunidad.

Importante

A través de la participación activa de la comunidad se generan los espacios para el análisis de necesidades.

Respecto a los beneficiarios se encuentran:

- Miembros de la comunidad, que tendrán una percepción más cercana y protagonista de la resolución de sus necesidades, con lo que se obtendrán medidas más eficaces y participativas.
- Quienes se ocupan de proveer estos servicios o vender recursos, conocerán más a fondo las necesidades concretas de la comunidad y podrán dar soluciones más acertadas.
- Líderes de la comunidad que podrán tomar decisiones más acertadas, dar concesiones o soluciones más rentables y eficientes.
- Usted o la organización que represente, elaborando un plan más acertado e implementando acciones más concretas. Le ayudará a realizar la detección de las fortalezas propias de la comunidad para la resolución protagonista de sus problemas.

Actividades

1. Nombre los cinco niveles de la pirámide de Maslow.
2. Determine cuáles son los beneficios de detectar las necesidades de la comunidad a través de la propia población objetivo.

2.3. Plan y herramientas para detectar y analizar las necesidades de la comunidad

En la elaboración del plan de análisis de necesidades de la comunidad se utilizará el método de **informe de las necesidades identificadas.** Este método está basado en lo que se viene explicando desde un principio, en detectar las necesidades a través de la visión y sentimientos de carencia de la propia comunidad o grupo de atención, detectar las posibles soluciones y protagonistas de estas soluciones. Además, es necesario identificar los recursos disponibles en la comunidad para poder elaborar un listado de fortalezas de la comunidad para enfrentarse a estas necesidades.

Antes de continuar, se van a puntualizar algunos aspectos a destacar para llevar a cabo un estudio de necesidades a través del método de las necesidades identificadas. Son los siguientes:

- Para tener éxito en la detección de necesidades es necesario despojarse de todas aquellas ideas preconcebidas, tabúes, estereotipos, dar cosas por sabidas o sobre entendidas. Asegurarse que se observa desde una óptica objetiva en todo el proceso.
- Aplicar la perspectiva de género en todo el proceso, comenzando por desagregar la información de la población por sexo. Mujeres y hombres tienen necesidades y prioridades diferentes, formas distintas de expresión de dichas necesidades y particularidades a tener en cuenta en el análisis.
- Para aplicar la perspectiva de género, es necesario comenzar por considerar el propio equipo de intervención. Que las personas responsables y que participen en la investigación tengan conocimientos en igualdad de género y que al menos haya una persona experta en igualdad para guiar el estudio. Los profesionales deberán participar equitativamente considerando sus cualificaciones para la realización de la investigación.
- Hay que realizar una escucha activa, consistente en:
    - Tener una actitud empática.
    - Elegir el momento y lugar adecuados.
    - Cuidar la comunicación no verbal.
    - Detectar las posibles barreras de la comunicación para corregirlas.

- No emitir juicios o críticas.
- Utilizar frases de refuerzo o resumen de lo entendido para verificar que se está entendiendo lo que se dice.
- Utilizar un lenguaje adaptado a la persona, incluyente, no ofensivo ni discriminatorio, con un nivel cultural adaptado y respetuoso.
- Evitar tecnicismos.
- No interrumpir.
- Crear un clima agradable y cercano.
- Tener en cuenta la disponibilidad, el acceso y la participación de mujeres y hombres.
- Participación equitativa de hombres y mujeres.

- Por último, es importante elaborar un plan.

Importante

El método del informe de las necesidades identificadas está basado en el análisis de necesidades a través de sus protagonistas, a través de la comunidad.

Los pasos a seguir para la elaboración del **plan de análisis de necesidades** son:

1. ¿Qué quiere conseguir con esta investigación? Piense tranquilamente en lo que pretende realmente. Identifique su campo de interés para realizar un plan útil y manejable. Las preguntas que debe hacerse son:

    - ¿Qué problemas o conductas son de particular interés para la organización? ¿Por qué?
    - ¿Qué se necesita saber acerca de estos problemas o conductas?
    - ¿Qué preguntas se necesitan elaborar para obtener estas respuestas?
    - ¿Con qué recursos exteriores se cuenta para ayudar a entender los problemas?

- ¿Se tienen los conocimientos necesarios en perspectiva de género para no sesgar el estudio?

Con estas preguntas se pretenderá delimitar el campo de estudio, centrarse en lo que realmente es de interés.

2. Empiece por lo que se sabe sobre su investigación:

    - ¿Qué conoce del problema o conductas que desea estudiar?
    - ¿Afecta de igual forma a hombres y mujeres?
    - ¿Qué sabe sobre las necesidades de este colectivo desagregando la información por sexo? ¿Cuál piensa que son el origen o soluciones posibles?
    - ¿Existen otras investigaciones anteriores sobre estos temas en su comunidad? ¿Se les han aplicado la perspectiva de género a estas investigaciones?

3. Identifique su población objeto de estudio, analizando sus características. Identifique también a personas claves que aportarán información estratégica tanto sobre las necesidades de la población, como sobre la población objetivo y sus características.
4. Reúna todos estos datos y elabore cuidadosamente las preguntas que necesita realizar a la comunidad para detectar las necesidades y los recursos existentes. Utilice un lenguaje no sexista y adaptado a las particularidades de la población.
5. Identifique qué métodos utilizará para obtener la información. A continuación, se enumeran algunos de los métodos más usados, como son:

    - Sesión de escucha (escucha activa), con integrantes de la comunidad. Para garantizar que todo el mundo sea escuchado y que ningún sexo sea discriminado se pueden realizar sesiones separadas por sexo en combinación con sesiones mixtas.
    - Foros públicos, son similares a las sesiones de escucha pero con mayor número de personas que participan.
    - Encuestas de detección de necesidades. Existen diferentes tipos de encuestas:

- Encuestas formales: cuestionarios elaborados. Este tipo también se pueden dividir en: encuestas directas o encuestas indirectas, dependiendo si se hacen cara a cara o a distancia.
- Encuestas informales: charla informal con preguntas guionizadas.

- Entrevistas a personas estratégicas o claves para el estudio, como pueden ser: personal médico, el trabajador o trabajadora social, psicóloga o psicólogo de la zona, personal de entidades representativas del colectivo, etc.

Es necesario aplicar la perspectiva de género en el diseño y aplicación de cada una de estas herramientas, el contenido de los mensajes y el lenguaje.

6. Identifique cuáles son los puntos débiles de su plan de acción. Trate de detectar las dificultades y problemas que podrá encontrarse en la implementación de su plan de detección de necesidades. Trate de darles posibles soluciones a estas dificultades detectadas.
7. Realice un presupuesto de la implementación de su investigación y de los imprevistos que puedan suceder.
8. Un último paso sería volver de nuevo al punto 1 y revisar todo el plan para verificar si está contemplado todos los aspectos importantes después de haber realizado el plan. La propia realización del plan llevará a nuevos planteamientos o circunstancias que no se habían contemplado en un principio.

Nota

Para la aplicación de la perspectiva de género es necesario asegurarse de que tanto las personas que realizan el estudio como la comunidad deben estar representadas de forma equitativa por mujeres y hombres en igualdad de condiciones.

Aplicación práctica

Se pretende elaborar un plan de análisis para detectar necesidades de información, de la población de un determinado ayuntamiento, respecto al conocimiento de las madres y padres de la comunidad sobre los peligros de violencia de género en la red a los que pueden estar expuestos sus hijas e hijos.

Determine cuáles son los métodos y herramientas más idóneos para detectar las necesidades de información de la comunidad, y determine cuáles serán las personas claves para aportar una información estratégica al estudio.

SOLUCIÓN

Como se pretende averiguar el conocimiento o la información que la población tiene acerca del tema es más idóneo utilizar encuestas formales indirectas distribuidas a través de los padres y madres de una población representativa. Estas podrían estar distribuidas en colegios o institutos. De igual forma, seleccionar un grupo reducido de madres y padres, para realizar sesiones de escucha guionizadas que pueda aportar cuestiones o aspectos que no se hayan considerado en un principio.

Por último, informantes clave a entrevistar, para realizar una aproximación a las necesidades informativas de la población, serían las personas asociadas a las AMPAS, ya que están en contacto con las necesidades de los menores y las inquietudes de otros padres/madres. Otros agentes que podrían aportar información relevante podrían ser representantes y personal técnico de asociaciones y entidades que trabajen con jóvenes víctimas de malos tratos y sus familias.

3. Identificación de la igualdad real como objetivo de la comunicación

Como se ha mencionado en varias ocasiones, la equiparación de derechos para mujeres y hombres ante la ley no ha significado la eliminación de las discriminaciones en la práctica, por lo que es necesario avanzar hacia la igualdad real o efectiva, interviniendo y tomando medidas que contrarresten las desigualdades de género.

A continuación, se verá la evolución del concepto de igualdad de género en la sociedad.

3.1. Principio de igualdad real

Equiparar derechos y condiciones entre mujeres y hombres, con el objeto de conseguir una situación real de igualdad plena de todas las personas, solo es posible integrando el principio de igualdad como eje transversal en las sociedades democráticas.

Nota

El *mainstreaming* se presenta por primera vez en Europa, con el Tratado de Ámsterdam, en 1997, como un objetivo para todos los estados miembros de la Comunidad Europea.

Es reconocido este principio como el sustento donde afianzar las acciones públicas y argumentando su aplicación en las siguientes afirmaciones:

- Históricamente, el derecho a la igualdad de trato y a la no discriminación le ha sido negado de forma colectiva a las mujeres.
- La aplicación del principio de igualdad supone la obtención de una sociedad más justa y democrática.
- Aplicando este principio se obtiene una rentabilidad y eficacia económica, ya que la incorporación plena de la sociedad en igualdad de oportunidades permite disfrutar de todas las capacidades, habilidades e inteligencias existentes.

No sirve de nada estos reconocimientos y argumentaciones si la sociedad no toma consciencia de ello. Es necesario que se conviertan, cada uno de los y las integrantes de la comunidad, en generadores del cambio, a través de una visión y perspectiva, en la que el género no condiciona las acciones, pensamientos o intereses. Mediante la negociación, se obtiene el reconocimiento del valor de la igualdad plena y la cultura democrática llevando a la sociedad a compartir responsabilidades, tareas, funciones y decisiones en los diferentes ámbitos de la vida.

Principio de igualdad

El principio de igualdad se considera el pilar de las sociedades democráticas y el valor en el que se debe basar la organización social.

En primer lugar, el concepto de igualdad de trato orientó las acciones hacia una doble dimensión que aceptaba el reconocimiento de:

- Una dimensión positiva: todas y todos somos iguales.
- Dimensión negativa: prohibición de la discriminación.

Esta doble dimensión que durante muchos años fue aceptada, no llevaba a los resultados esperados, ya que el proceso único de reconocimientos de la igualdad dentro de un marco jurídico no implicaba la desaparición de las desigualdades. No significa, por ello, que la garantía de igualdad de trato no fuera válida y necesaria, pero sí que demostró ser insuficiente para garantizar la eliminación de todas las formas de discriminación y la consecución del objetivo último, de la igualdad real. Esta misma argumentación, lleva a la legitimación de la excepción que se pretendía llevar a cabo para justificar la aplicación de una desigualdad de trato, en la aplicación de medidas positivas a favor de la compensación, para la equiparación de derechos y condiciones de todas las personas que integran la sociedad. Es por ello que se integra la tercera línea de acción, la **dimensión compensatoria,** a través de las políticas y acciones dirigidas a beneficiar los colectivos que se encuentran sometidos a las desigualdades e injusticias sociales, como son las mujeres. Esta aplicación de medidas compensatorias y medidas específicas cuyos fines son garantizar a la mujer el derecho de la igualdad y desarrollo pleno.

Actividades

3. ¿Piensa que la dimensión compensatoria aplicada al principio de igualdad anula el principio de igualdad de trato? Justifique su respuesta.
4. Las medidas sancionadoras de acciones discriminatorias, ¿a qué dimensión del principio de igualdad pertenece?

Estas tres dimensiones pueden esquematizarse como:

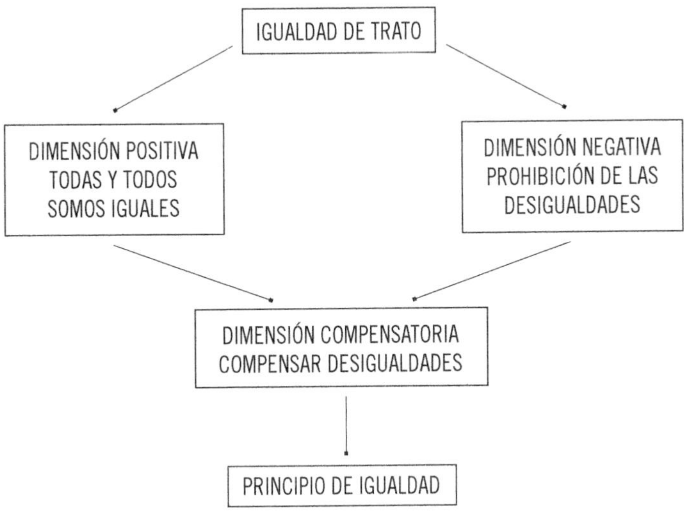

Estas tres dimensiones, significan pasar de una igualdad jurídica o legal a una igualdad real y efectiva que requiere acciones, medidas específicas y esfuerzos comunes. Se pasa entonces de:

- **Igualdad formal:** el reconocimiento y prohibición en un marco jurídico de la igualdad.
- **A igualdad real:** implica la óptica tridimensional de no solo reconocer la igualdad y prohibir las desigualdades, sino también promover medidas y acciones para lograr que la igualdad sea efectiva. Esta nueva perspectiva implica promover la presencia femenina en los ámbitos en los

que las mujeres están infrarepresentadas y tomar medidas de acción positiva tanto en las instituciones públicas como en la empresas y organizaciones. Ya no es solo una cuestión política de marco jurídico, sino la implicación de la sociedad en su conjunto para garantizar, a través del principio de igualdad real, la participación de hombres y mujeres en todos los ámbitos de la sociedad sin discriminaciones.

3.2. Enfoque integrado de género o *mainstreaming*

El *mainstreaming* o enfoque integrado de género se definió por primera vez en la IV Conferencia sobre la Mujer celebrada en 1995, en Pekín. Implica la incorporación de la Igualdad entre hombres y mujeres en todas las acciones políticas, económicas y sociales.

A lo largo del manual se ha tratado el concepto de perspectiva de género, *mainstreming* o enfoque integrado de género, pero en este apartado se estudiará en profundidad este concepto para sentar las bases de los planes de comunicación y el diseño de proyectos.

Este nuevo enfoque del concepto de igualdad como eje transversal supone un nuevo paradigma en el que se involucra al Gobierno, las instituciones y organismos para mejorar las condiciones sociales de las mujeres y lograr una mayor participación en los ámbitos en los que están infrarrepresentadas.

De nuevo, y a pesar de los grandes objetivos alcanzados con las políticas específicas, no se consiguen los resultados esperados en los avances hacia una igualdad real, con la aplicación de la llamada dimensión compensatoria. Uno de los errores se encuentra en considerar necesario desarrollar solo las **necesidades prácticas** de la mujer, sus necesidades compartidas con otras mujeres y que son el resultado de sus funciones o roles tradicionales de una sociedad androcentrista y patriarcal. Estas necesidades compartidas estaban relacionadas con:

- El cuidado de los hijos
- La salud reproductiva
- Las necesidades vitales de la familia

¿Qué aporta el nuevo enfoque? Ampliar la visión centrada en la mujer y sus desigualdades, con el único prisma de atención especializada, a través de las medidas específicas y compensadoras. Se trata de considerar a la mujer y su integración en la sociedad en su conjunto, al igual que considerar dentro del concepto de igualdad al hombre como parte fundamental del cambio. Dar cobertura a las necesidades prácticas no es suficiente, sino que el objetivo se amplía también a la satisfacción de los intereses estratégicos, como pueden ser:

- El empoderamiento de la mujer.
- Salir de la posición de subordinación del hombre.
- La satisfacción de necesidades que tienen que ver con la mujer como ser independiente de su rol de género.
- Integración del hombre y la mujer en todos los roles y funciones de la sociedad sin establecer asignación por razón de sexo.

En el siguiente esquema, se verá una comparación entre ambas perspectivas, las centradas en las necesidades prácticas o en los intereses estratégicos.

Tabla comparativa de necesidades prácticas e intereses estratégicos

Necesidades prácticas	**Intereses estratégicos**
Hace referencia a recursos y servicios materiales.	Hace referencia a posición. Busca la igualdad de hombres y mujeres.
Fácilmente detectables y cuantificables.	Son difíciles de identificar y de cuantificar.
Relacionado con áreas concretas, salud, alimentación, vivienda, trabajo, seguridad, etc.	Relacionado con condiciones estructurales, subordinación de poder, participación, falta de oportunidades, dependencia.
Resuelve a través de ayudas asistenciales.	Su satisfacción es más complicada porque implica cambios estructurales, culturales, de pensamiento y empoderamiento de la mujer.
Atiende a grupos concretos.	Afecta a todas las mujeres y a todos los hombres.
Su satisfacción no transforma roles de género.	Su satisfacción implica cambios de roles.
No implica conflictos.	Los cambios estructurales conllevan conflictos y resistencia al cambio.

Ejemplo

Las necesidades prácticas son, por ejemplo, el alimento, la educación de los hijos, la preocupación por la salud, etc. Estas necesidades no producen cambio de roles.

Como ejemplo de los intereses estratégicos se encuentran la participación en la toma de decisiones, la formación, etc. Los intereses estratégicos llevan al cambio de roles.

Se trata de construir un nuevo enfoque de análisis, de atención y de políticas que no solo diseñen medidas específicas (que afecten solo a mujeres), sino que integren la perspectiva de género en cada una de las políticas, acciones y medidas desarrolladas en la dimensión pública y considerando su impacto de género.

La transversalidad de género conlleva la implicación de los distintos agentes sociales y una nueva resignificación del concepto de igualdad, que promueve beneficios para toda la sociedad.

Y, ¿por qué es necesaria la aplicación de la perspectiva de género?:

- Contribuye a alcanzar una sociedad más democrática e igualitaria.
- Eleva la calidad de la comunicación.
- Responde mejor a las necesidades de información de todas y todos los integrantes de la comunidad.

Nota

El *mainstreaming* de género implica la movilización de todas las políticas generales y medidas con el propósito específico de lograr la igualdad, teniendo en cuenta, activa y abiertamente, en la fase de planificación, sus posibles efectos sobre las situaciones respectivas de mujeres y hombres (Comisión Europea, 1996).

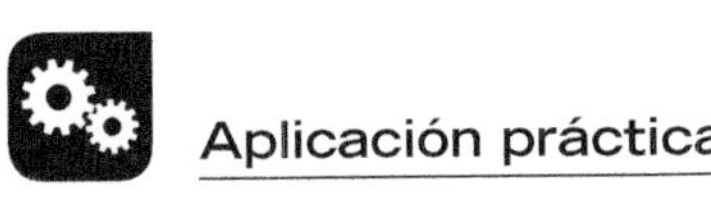

Aplicación práctica

De los siguientes objetivos realice una clasificación de aquellos formulados bajo la perspectiva de políticas compensatorias y que atienden a necesidades prácticas y aquellos que están formulados bajo la perspectiva de *mainstreaming*, atendiendo a intereses estratégicos.

Reformule aquellos objetivos que no atiendan a esta perspectiva para adaptarlos a una estrategia de *mainstreaming*.

- **Informar a las mujeres sobre los riesgos de partos prematuros.**
- **Mantener informada a la mujer sobre las actividades y eventos sobre la lactancia materna y los cuidados del bebé.**
- **Establecer y mantener una comunicación abierta y fluida con las y los jóvenes de la comunidad de...**
- **Visualizar a la mujer que vive en el entorno rural y su aportación a la economía local.**
- **Informar y formar a las emprendedoras de... sobre la importancia del uso de redes sociales en la empresa.**
- **Sensibilizar a la empresa de la importancia de las medidas de conciliación familiar para las mujeres trabajadoras.**

SOLUCIÓN

Objetivos que atienden a necesidades prácticas	Objetivos que atienden a intereses estratégicos
- Informar a las mujeres sobre los riesgos de partos prematuros. - Mantener informada a la mujer de actividades y eventos sobre la lactancia materna y los cuidados del bebé. - Sensibilizar a la empresa de la importancia de las medidas de conciliación familiar para las mujeres trabajadoras. - Visualizar a la mujer que vive en el entorno rural y su aportación a la economía local. - Informar y formar a las emprendedoras de... sobre la importancia del uso de redes sociales en la empresa.	- Establecer y mantener una comunicación abierta y fluida con las y los jóvenes de la comunidad de...

Continúa en página siguiente >>

<< Viene de página anterior

Reformulación de objetivos:

- Informar a la población sobre los riesgos de partos prematuros.
- Mantener informados a padres y madres de actividades y eventos sobre la lactancia materna y los cuidados del bebé.
- Sensibilizar a la empresa de la importancia de las medidas de conciliación familiar para los y las trabajadoras.

Por todo esto que se viene explicando, este planteamiento supone hacer extensible la dimensión del género a todas las acciones, proyectos y programas tanto en su diagnóstico inicial, como en sus planteamientos o su implementación. Comprender que la sociedad no está formada por un único protagonista, sino que la forman mujeres y hombres, donde juntos deben trabajar para vivir en igualdad. Por todo ello y a modo de resumen, aplicar la estrategia de *mainstreaming* de género supone:

- Mirar con una óptica analítica y explicativa:
  - Las relaciones que se establecen entre mujeres y hombres.
  - Las diferentes funciones y roles que adquieren en los procesos de organización social.
  - Las diferentes posiciones de poder que se establecen en la sociedad de mujeres y hombres.
- Tomando como partida los análisis realizados, detectar y analizar las desigualdades, transformando cada una de ellas, en objetivos de cambio para los planes y proyectos.
- Diseñar los objetivos de las acciones, teniendo en cuenta el impacto que tendrá en mujeres y hombres.
- Implementación de las medidas propuestas basadas en los análisis y diagnósticos de género, teniendo como motor del cambio la participación activa de mujeres y hombres. Potenciación del empoderamiento de la mujer, para que participe activamente en la sociedad y lidere el cambio hacia su igualdad real.

- Evaluación de las medidas y acciones para verificar la consecución de los objetivos, analizando qué impacto ha tenido tanto en hombres como en mujeres dichas acciones.

Actividades

5. ¿Piensa que es incompatible las políticas compensatorias con la estrategia del *mainstreaming?* Justifique su respuesta.
6. ¿Deben los proyectos específicos para mujeres incluir la perspectiva de género en su planificación, diseño e implementación? Reflexione su respuesta.

3.3. Formulación de objetivos desde la estrategia de *mainstreaming*

Formular los objetivos del plan de comunicación es necesario para contestar adecuadamente a la pregunta: ¿Qué se pretende conseguir con nuestra acción? Estos objetivos deben definirse en función de los valores, predisposición, ideas, directrices, etc., de la institución, y estar basados también en el diagnóstico de género y detección de necesidades previamente realizado a la población objeto del plan de comunicaciones. Es preciso establecer objetivos específicos para hombres o mujeres respondiendo a las necesidades reales y sentidas de la población. Dentro del plan de comunicaciones se deben especificar objetivos concretos que atiendan a la reducción de las desigualdades y la asignación de funciones en relación al sexo o la subordinación de poder.

Para que estos objetivos atiendan a la perspectiva de *mainstreaming* y como se ha visto en el apartado anterior, debe siempre realizarse tratando de establecer estrategias que sienten las bases de acciones encaminadas a obtener cambios estructurales, organizativos, culturales y de pensamientos que rompan con las desigualdades existentes entre hombres y mujeres, conduciendo a una construcción social donde la igualdad sea la base de todos los planteamientos.

De forma general, los objetivos deben estar formulados atendiendo las siguientes premisas:

- Deben responder a necesidades de mujeres y hombres.
- Debe tener integrado metas de reducción de las desigualdades.
- No basta con introducir la palabra mujer o formular algún objetivo dirigido a mujeres, para aplicar la perspectiva de género es necesario que todos los objetivos estén diseñados desde la perspectiva de género.
- Debe establecerse mediante indicadores el impacto que tendrá de forma diferenciada en mujeres y hombres.
- Debe llevar implícito la participación de la población en la consecución de los mismos.
- No debe atender a necesidades únicamente prácticas sino también a intereses estratégicos.
- No deben inducir a la repetición de roles y estereotipos.
- Deben estar formulados con un lenguaje incluyente y no sexista.
- Deben estar encaminados a la construcción de nuevas realidades sociales libre de desigualdades.

Los objetivos del plan de comunicación atienden a diferentes clasificaciones. En cuanto a **su alcance,** atienden a:

- **Generales:** se enmarcan aquellos objetivos que se formulan en base al fin último de la campaña de comunicación, son objetivos que describen la razón del plan de comunicación.
- **Específicos:** son los objetivos que marcan el camino para la obtención del fin último o de los objetivos generales del plan.

En cuanto a **su formulación:**

- **Claro y concreto:** la redacción de los objetivos tiene que ceñirse a lo que se pretende conseguir, sin rodeos y formularse con un lenguaje simple y conciso.
- **Escalable:** es recomendable que se pueda dividir en escalas o niveles para medir su consecución.
- **Flexible:** al igual que la formulación del plan de comunicación en sí mismo, los objetivos deben permitir las modificaciones en el curso de la acción.
- **Realista:** no se deben trazar objetivos utópicos, sino adaptados a las posibilidades y recursos reales de la organización.

- **Medible:** es preciso que se formulen de forma tal que se pueda evaluar su consecución parcial o total.
- **Coherente:** esta característica va de la mano de la realista. Se refiere a su consonancia con la organización, sus principios, valores y metas.
- **Observable:** deben contener elementos y características medibles y evaluables.

En cuanto a su **duración en el tiempo** la programación del proyecto debe estar ajustada en el tiempo. Se debe definir si la consecución de los objetivos generales y específicos será a corto, medio o largo plazo, para evaluar la obtención de los mismos, siendo:

- Corto plazo, periodo menor de un año.
- Medio plazo, periodo entre uno y tres años.
- Largo plazo, periodo entre tres y cinco años.

Actividades

7. ¿Considera que la consecución de los objetivos específicos le lleva a la consecución de los generales? O por el contrario, ¿son acciones distintas?
8. ¿Cómo deben formularse los objetivos para que sean medibles? Razone su respuesta.

Importante

Los objetivos deben formularse para que sean medibles, flexibles, reales y que lleven integrados la perspectiva de género.

Aplicación práctica

Analice los siguientes objetivos planteados:

- **Sensibilizar a los trabajadores del sector sobre la importancia de la conciliación familiar.**
- **Implicar a los hombres en el apoyo a la mujer sobre las tareas y responsabilidades del hogar.**
- **Visualizar el papel de la mujer como pilar básico del mantenimiento de la estructura familiar.**
- **Facilitar el acceso a la información a las mujeres de la comunidad de..., a través de canales establecidos, para equiparar los conocimientos entre mujeres y hombres.**
- **Aumentar la participación en actividades educativas de los alumnos afectados por la enfermedad del autismo a través de entornos y actividades adaptadas a ellos.**

Especifique cuáles de los siguientes objetivos está formulado correctamente y con perspectiva de género y cuáles no. Razone cada una de sus respuestas.

SOLUCIÓN

- Sensibilizar a los trabajadores del sector sobre la importancia de la conciliación familiar. En este objetivo se encuentra en primer lugar un lenguaje sexista (los trabajadores). Por otro lado, la conciliación familiar es un tema que afecta a mujeres y hombres, de este modo deben estar ambos integrados en la formulación de objetivos.
- Implicar a los hombres en el apoyo a la mujer sobre las tareas y responsabilidades del hogar. Este objetivo está formulado reproduciendo roles y estereotipos de género, dando por sentado que las tareas del hogar son responsabilidad de la mujer (apoyo a la mujer), no deben apoyar debe ser un trabajo y responsabilidad de ambos.
- Visualizar el papel de la mujer como pilar básico del mantenimiento de la estructura familiar. Aquí se comete el mismo error que el anterior, situando a la mujer como pilar fundamental en el hogar, cuidado de la familia y pilar de la estructura familiar. Hombres y mujeres deben ser los pilares de las estructuras familiares y reconocer la existencia de estructuras familiares diferentes en las que quizás no exista una figura materna.
- Facilitar el acceso a la información a las mujeres de la comunidad de..., a través de canales establecidos, para equiparar los conocimientos a los de los hombres. Facilitar el acceso a la información a la mujer es un planteamiento correcto pero poner como objetivo a alcanzar los conocimientos de los hombres, es situar a la mujeres en escalas inferiores y al hombre como la meta a alcanzar de las mujeres, lo que desean ser. Las mujeres deben tener sus propias metas y objetivos.

Continúa en página siguiente >>

<< Viene de página anterior

- Aumentar la participación en actividades educativas de los alumnos afectados por la enfermedad del autismo a través de entornos y actividades adaptadas a ellos. Nuevamente se formula un objetivo con un lenguaje sexista y excluyente para las alumnas con enfermedad del autismo, produciendo una barrera para el desarrollo pleno de mujeres y hombres.

---

4. Definición de públicos diana en base al objetivo de comunicación planteado

Una vez que se han formulado los objetivos del plan de comunicación se pasa a la siguiente etapa, que es la de realizar un análisis del público objetivo, es decir, de la población o personas destinatarias del programa.

4.1. Análisis del público diana

Se podrá empezar con unas sencillas preguntas que darán las claves para centrar la atención en el público objetivo, como son:

- ¿A quién está dirigido el plan de comunicación?
- ¿Quién es la audiencia?
- ¿Qué se sabe de ella?
- ¿Quiénes pueden informar de ella?
- ¿Qué predisposición o actitud se detecta?
- ¿Con cuáles obstáculos se puede encontrar?
- ¿Qué canales o vías de comunicación usan para informarse?

Para el estudio de la población es necesario hacer un estudio y análisis estratégico para detectar las características particulares del público objetivo. Este análisis servirá para enfocar la acción adaptándola a las particularidades y necesidades de información.

Para realizar un análisis más exhaustivo y adaptado a los objetivos es necesaria la segmentación del público diana. Esta metodología consiste en la división del público en estamentos o segmentos agrupados por características comunes, seleccionadas atendiendo a los intereses de los objetivos marcados.

La segmentación de la población es útil para la creación estratégica de los mensajes. Al realizar la segmentación de los destinatarios de la comunicación se lograrán crear mensajes ajustados a las características distintivas de cada grupo, a los diferentes lenguajes y formas de pensar. Además servirá también para determinar hacia qué grupo o segmento finalmente se decide enfocar la campaña. De igual forma, se llegará mejor a cada segmento, utilizando la canalización adecuada para cada uno de ellos. Los criterios son muchos y variados dependiendo cuál sea la finalidad del programa.

Definición

Segmentación del público
Separación en colectivos o grupos de estudio con características, necesidades o comportamientos comunes que les describen ayudando a determinar las acciones estratégicas del plan de comunicaciones.

Las segmentaciones más comunes son:

- Sexo.
- Edad.
- Estado civil.
- Número de miembros que componen la unidad familiar.
- Descendencia étnica/racial.
- Ingresos.
- Educación.
- Religión.
- Situación laboral.
- Por localidad, barrio, comunidad, etc.
- Por grado de conocimiento o información del tema a tratar.

- Por grado de afección.
- Por profesión.
- Etc.

Además, es importante resaltar, que no solo es necesario estudiar a las personas a las que se dirige la acción, sino también detectar a los posibles enlaces de interés, líderes, personajes claves o red de apoyo, que puedan aportar información valiosa para la descripción del público objetivo.

Se puede distinguir entre diferentes tipos de públicos objetivos, que son necesarios tener en cuenta a la hora del diseño del plan, porque pueden ser claves para la consecución de los objetivos. Se distingue:

- **Público primario:** sería el público al que van dirigidas las acciones de comunicación.
- **Público secundario:** son todas aquellas personas que de algún modo pueden influenciar en las conductas del público objetivo, como: amigos, familiares, vecinos, compañeros de trabajo, etc.
- **Público terciario:** son aquellas personas que pueden tomar decisiones que afecten al público objetivo, como son: gobernantes, líderes de la comunidad, medios de comunicación, etc.

Actividades

9. ¿Debe realizarse la misma segmentación en el público primario, secundario o terciario? Justifique su respuesta.
10. ¿Considera que los objetivos del plan de comunicaciones determinan la segmentación del público objetivo? Justifique su respuesta.

4.2. Análisis del público diana desde el enfoque integrado de género

Pero como se ha visto a lo largo del capítulo, se hace imprescindible la aplicación de la perspectiva de género en todas las etapas del plan. En el análisis de la población objetivo se trata de aplicar una visión crítica y abierta durante todo el proceso de estudio. Es necesario aplicar la óptica del género en todos los análisis, interpretaciones y valoraciones para comprender la realidad, aplicando las necesarias estrategias del cambio.

¿Para qué aplicar la perspectiva de género en el análisis?

- Detectar necesidades, características y particularidades de hombres y mujeres de forma independiente.
- Para detectar desigualdades en aspectos claves de:
  - Roles de género.
  - Estructuras generadoras de desigualdades.
  - Relaciones de poder y subordinación.
  - Poca o nula participación de la mujer en la vida pública o en la toma de decisión.
  - Comprender el contexto sociocultural en el que se producen las desigualdades.
  - Detectar intereses estratégicos diferenciados de las necesidades prácticas.

¿Cómo se aplica la perspectiva de género en el análisis?

- Es importante que la o las personas que realicen el estudio tengan una predisposición crítica y un conocimiento adecuado en género para ser capaz de identificar la realidad sin sesgo de género, a través de:
  - Respetar diferencias y detectar desigualdades.
  - Cuestionar relaciones generadoras de desigualdades.
  - Detectar valores, pensamientos, comportamientos generadores de roles de género.
  - Poseer capacidades de comunicación eficaz y escucha activa.

- Para potenciar la participación de la comunidad.
- Es necesario un propósito firme de aplicar la perspectiva de género.

- Obtener datos desagregados por sexo, a través de información cualitativa y cuantitativa, relacionados con otras variables según el interés del análisis. Cada una de las segmentaciones del público deberá estar desagregada por sexo, para determinar cómo la variable de estudio afecta de forma distinta a mujeres y hombres.
- Sistematizar el análisis de la información recabada para poder determinar valoraciones de la realidad. Por un lado, es necesario una sistematización separada por sexo y por otro, sistematizada mostrando la interrelación que existe entre ambos.
- Definir con anterioridad qué criterios se van a valorar en el análisis en relación a los objetivos del plan.

Esquema de análisis de la población diana

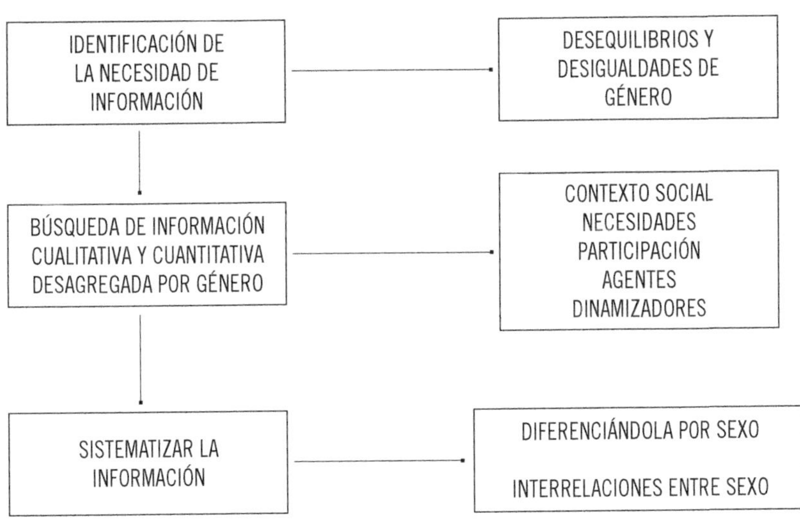

Nota

Es necesario un compromiso por parte de la entidad que desea aplicar el enfoque de género. Dicho compromiso debe quedar reflejado en la formación en género de las personas implicadas en el proyecto y en la aportación de los recursos económicos y materiales necesarios.

Aplicación práctica

Se pretende realizar un plan de comunicación para la difusión de una campaña de prevención del tabaco en un centro de salud. En datos que maneja el centro de salud, se empieza a fumar a los 14 años y el número de casos ha aumentado un 4 % en los últimos 10 años. La campaña pretende reducir el número de menores que se inician en el consumo de tabaco o en su caso, aumentar la edad a la que comienzan a fumar.

Determine los aspectos de análisis para el estudio de esta población diana.

SOLUCIÓN

Población objetivo: usuarios del centro de salud.

- 1ª Segmentación del público diana:
  - Mujer de entre 13-18 años/no fumadora.
  - Hombre de entre 13-18 años/no fumador.
  - Las variables de estudio:
    - Edad.
    - Nivel cultural/educativo.
    - Hábitos en el tiempo libre.
    - Ocupación.
    - Estilos de vida.
    - Visión del consumo de tabaco.
    - Valores asociados al tabaco.
    - Fumadores en el entorno cercano.
    - Estereotipos construidos alrededor del tabaco.

Continúa en página siguiente >>

<< Viene de página anterior

- 2º Segmentación:
  - Mujer de entre 13-18 años/fumadora.
  - Hombre de entre 13-18 años/fumador.
  - Las variables de estudio:
    - Edad.
    - Nivel cultural/educativo.
    - Hábitos en el tiempo libre.
    - Ocupación.
    - Estilos de vida.
    - Visión del consumo de tabaco.
    - Valores asociados al tabaco.
    - Fumadores en el entorno cercano.
    - Hábitos de consumo de tabaco.
    - Causas de iniciación al consumo.
    - Estereotipos asociados al tabaco.

Es importante, para realizar el análisis de esta población diana con perspectiva de género, tener presente que todas las variables deben estar segregadas por sexo, recogiendo motivaciones, hábitos de vida, valores, estereotipos, hábitos de consumo, etc., para detectar variables específicas por sexo o estereotipos, roles y valores asociados al sexo sobre el consumo de tabaco, y realizar una comparación de resultados entre sexo para localizar los posibles datos interrelacionados.

4.3. Información cualitativa y cuantitativa

Los datos e información precisa para establecer el estudio de la población diana debe recoger información relevante para determinar el contexto sociocultural y económico en el que se desenvuelven las personas destinatarias. Deben aportar información sobre sus necesidades prácticas e intereses estratégicos, su grado de participación en la comunidad y en la toma de decisiones e incluir información sobre los agentes dinamizadores del entorno. Todos estos datos se pueden clasificar en dos grupos: datos cualitativos y cuantitativos.

Datos cualitativos

La información cualitativa es más difícil de conseguir y requiere de un esfuerzo extra en la obtención de datos. Sin embargo, merece la pena este esfuerzo porque aporta gran riqueza al diagnóstico, ofreciendo información imposible de conocer a través de datos numéricos. Las vías de obtención son:

- Directamente de la opinión subjetiva y vivencial de la comunidad.
- De la observación directa de las personas que realizan el estudio.
- De las valoraciones, experiencias, conocimientos de entidades relevantes, del tejido asociativo, informantes claves, entorno familiar, etc.

Se pondrá el foco de interés en información relativa a:

- Normas y valores.
- Roles y papeles desempeñados:

    - Rol productivo: todas aquellas actividades que generan recursos económicos.
    - Rol reproductivo: relacionados con cuidado de hijos, aumento de la familia y tareas del hogar.
    - Rol comunitario: participación activa en la comunidad.

- Necesidades sentidas de la población.

Importante

La medición de los datos cualitativos es complicada, ya que no pueden representarse con datos numéricos y no atienden a la inferencia estadística.

Datos cuantitativos

A través del análisis de los datos cuantitativos se pueden establecer comparativas en cuanto a la participación de hombres y mujeres en distintos espacios y contextos.

Para obtener información de calidad desde una perspectiva de género, se deben presentar los datos desagregados por sexo y desarrollar un análisis comparativo con el objetivo de detectar diferencias y desigualdades.

Estos datos pueden proceder de fuentes estadísticas externas, de investigaciones y datos publicados.

Si no existe la información necesaria, la puede generar la propia organización interesada desarrollando una investigación. Por supuesto, esta fórmula requiere un mayor esfuerzo de recursos materiales y humanos.

Algunos de los indicadores estadísticos relevantes son:

- Pirámide de población
- Índices de formación
- Participación de la comunidad
- Tasas de empleo/desempleo
- Tasas de estudiantes
- Índices de ingresos
- Números de mujeres y hombres por profesión
- Composición de unidades familiar
- Índices de pobreza
- Índice de conocimiento y uso de tecnología
- Etc.

Actividades

11. ¿Qué información aporta la sistematización de la interrelación entre sexo?
12. ¿Considera que es correcto usar datos cuantitativos para el estudio de los intereses estratégicos? Justifique su respuesta.

5. Descripción y caracterización de las fuentes de comunicación/información claves existentes

Para la recopilación de toda la información necesaria para el estudio de la población objetivo del plan de comunicación es necesario acceder a diferentes fuentes de información que aportarán los datos cualitativos y cuantitativos necesarios para el estudio.

Fuente de información es todo aquello que contiene datos susceptibles de ser útiles para satisfacer una necesidad de información o conocimiento. Partiendo de esta definición, se entiende que fuente de información será todo aquello que proporcione datos o información relevante o que aporte claridad a los interrogantes planteados.

Las fuentes de información son, como ya se vio en el capítulo anterior, muy variadas y pueden ser clasificadas de diferentes formas. Para el estudio se fijará la atención en la distinción entre fuentes de información que aporten datos cualitativos y fuentes de información que aporten datos cuantitativos.

5.1. Fuentes de comunicación/información cuantitativa

Los datos cuantitativos deben proceder de fuentes formales y primarias, es decir, de estudios, estadísticas o encuestas que representen fiabilidad y garantía de los datos extraídos.

También es importante resaltar que los datos no siempre están disponibles o accesibles en la forma o estructura deseable para el análisis, por ello, los principales obstáculos con los que pueden encontrarse a la hora de acceso a las fuentes de información son:

- Fuentes de datos cuyo acceso esté limitado.
- Dificultad a la hora de encontrar datos desagregados por sexo.
- Información no homogénea.
- Que los datos no estén actualizados.
- Que no existan estudios referentes a la información.
- Trabas por parte de los propietarios de los datos.

A continuación, se verán los órganos que generan las fuentes estadísticas más destacadas donde encontrar información relevante para los estudios de población con perspectiva de género:

1. **Instituto Nacional de Estadísticas INE:** es el órgano más relevante y representa la fuente de información más destacada del panorama nacional. Aporta anualmente datos estadísticos sobre:

    - Mercado laboral.
    - Acceso a recursos, renta o pobreza.
    - Movimientos demográficos.
    - Conciliación y usos del tiempo.
    - Educación.
    - Salud.
    - Etc.

2. **Instituto de las Mujeres:** este organismo es una referencia como aportación de datos específicos de la situación de mujeres y hombres en España. Cuenta con la base de datos *Mujeres en Cifras* donde recoge diferentes datos, entre otros, demográficos, violencia de género, laborales, educación, acceso a la tecnología, etc. Publica junto a INE *Mujeres y Hombres en España,* una publicación muy completa sobre la situación económica, social y política de mujeres y hombres en España.

3. **Ministerios:** generan diferentes publicaciones relacionadas con el panorama nacional y en referencia a sus diferentes ámbitos de actuación. Aportan una rica fuente de datos de variables relevantes que estudian en profundidad. Estos organismos presentan dos problemas fundamentales, por un lado las publicaciones no suelen tener periodicidad y por otro, no siempre están desagregadas por sexo.
4. **Institutos autonómicos o locales de estadística:** en la mayoría de los casos estos organismos reproducen los datos de INE recopilando los datos que afectan a nivel autonómico o local. Pero hay que decir que algunos comienzan a publicar sus propios estudios y pueden ser de relevancia para estudios de género estos datos más locales.
5. **Comisión Europea:** que publica anualmente *Informe sobre la igualdad de género en la UE* que recoge datos nacionales de los países de la Unión Europea.
6. **EUROSTAT:** es el organismo de referencia como generador de datos a nivel europeo, a través de los apartados *Población y condiciones sociales* e *Igualdad y no discriminación* de su base de datos general. También es necesario destacar su aportación en la batería de Indicadores de Género.
7. **Instituto Europeo para la Igualdad de Género, EIGE:** este organismo es una de las referencias europeas en materia de estudios con perspectiva de género.

Nota

Las fuentes de información por su forma de registro o soporte pueden ser textuales, gráficas, electrónicas, sonoras o audiovisuales.

De igual forma, existen numerosas fuentes de información de estudios estadísticos o investigaciones a nivel público o privado que aportan datos reveladores, y que pueden generar importantes aportaciones al diagnóstico y análisis de la población diana. Lo que es importante recordar es que antes de usar los datos para el estudio, es necesario comprobar la veracidad de los datos, justificación de los datos y objetivos del estudio.

Cuando los datos que se precisen no estén elaborados o generados por su ámbito muy local o específico de la variable de estudio, es necesario que la entidad genere su propio estudio. Para ello, puede valerse de entrevistas, encuestas, estudio de datos de casos, observación, entre otros instrumentos para generar datos propios.

5.2. Fuentes de comunicación/información cualitativas

Las fuentes de información cualitativas han sido durante muchos años foco de atención de debates en cuanto a la validación de los datos que aporta. La realidad actual en cuanto a su uso es la apertura total hacia la gran aportación de sus herramientas y técnicas en la comprensión de la realidad social. No significa por ello, que se haya dejado de usar los datos cuantitativos pero en las ciencias sociales y en otros campos de investigación se han comprobado la riqueza de sus aportaciones para entender la realidad.

En este apartado, se van a desarrollar las diferentes técnicas y herramientas de análisis que se pueden aplicar como fuentes de información en la aportación cualitativa de los datos.

Existen diferentes técnicas y herramientas de generación de información cualitativa, las más destacadas y usadas son las siguientes:

1. **Observación directa:** esta técnica pretende la recogida de datos directa de la población mediante la observación de la persona investigadora de los comportamientos de la comunidad. Esta técnica permite atender a los parámetros de interés de la investigación pero es necesario tener presente los posibles sesgos provocados por el enfoque subjetivo de la persona que realiza la recogida de datos.
2. **Observación participante:** es parecida a la técnica anterior, solo que en esta ocasión la persona que investiga participa en la acción de la comunidad como parte integrante de ella. Es más enriquecedora que la

anterior, porque permite recoger datos desde dentro, pero es necesario valorar el sesgo que produce la propia participación activa en el proceso.

3. **Grupos focales:** se trata de recoger datos de un grupo reducido de personas que tienen en común problemas o situaciones. Esta técnica tendría dos partes, una primera exposición individual de la situación y una segunda fase de exposición grupal. Se trata de recoger información enriquecida por la exposición grupal de las opiniones y soluciones al problema.
4. **Entrevista en profundidad:** aquí una persona es entrevistada, dando su opinión de forma extendida, vivencia o conocimiento sobre un tema. La persona que realiza la entrevista procesa la información y saca los resultados. Tiene bastante en común con la observación participante, solo que esta no se realiza en el entorno natural de la comunidad sino que se lleva a un entorno artificial creado por la investigación. Aquí es necesario valorar la capacidad comunicativa de la persona que realiza la entrevista para empatizar y dirigir la entrevista.
5. **Grupos de discusión:** son grupos de trabajo en el que el debate y la reflexión es la base que define a esta técnica. A diferencia de los grupos focales, los grupos de discusión no tratan de exponer solo opiniones y exponerlas en grupo, tratan de buscar soluciones conjuntas.
6. **Historia de vida:** relato de la vida de una persona de interés para la investigación. Se trata del análisis de la narración de las experiencias vivenciales de una persona. Es una técnica enriquecedora que muestra, quizás la que mejor, las formas en la que las personas afrontan, viven y experimentan los problemas.
7. **Informantes claves:** no es una herramienta en sí mismo. Las o los informantes clave son representantes formales o informales de grupos sociales. Sus opiniones o recomendaciones reflejan el sentir del grupo que representan. Son también, aquellas personas ajenas a la comunidad pero que por su ocupación, conocimiento o relación con la comunidad pueden aportar información privilegiada. La selección del informante clave depende de la información que necesite para la investigación, como por ejemplo: autoridades, representantes sindicales o del tejido asociativo, personal facultativo, etc. Todas estas personas pueden aportar información clave a la investigación, usando para ello entrevistas, participando en grupos focales o siendo enlace para la observación participante.

Aplicación práctica

Siguiendo con la misma situación de la aplicación práctica anterior, realice una selección de las fuentes de información cualitativa y cuantitativa para la investigación de la población diana.

SOLUCIÓN (Posible solución)

Información cuantitativa:

- Fuente de datos INE (movimientos demográficos, hábitos de vida, etc.).
- Fuente de datos (si existen del propio centro de salud) sobre los hábitos de salud, fumadores, no fumadores.

Información cualitativa:

- Entrevista con informantes claves: representantes de asociaciones de prevención del consumo de tabaco, con dirigentes de grupos de apoyo de personas en proceso de dejar de fumar, de agrupaciones juveniles o profesorado del centro de enseñanza de la comunidad.
- Grupos focales con fumadores o exfumadores.
- Grupos focales con jóvenes representativos/as.

6. Elaboración de mensajes que rompan con la reproducción de estereotipos sexistas y favorezcan la visibilización del papel de las mujeres en el entorno de intervención

Conseguir captar la atención y lograr que la información sea entendida por el público objetivo es de vital importancia para el proyecto. En el diseño de los mensajes del plan de acción es necesario contemplar todo lo analizado en las fases anteriores y que cumplan con los objetivos del programa. Es una de las fases creativas del plan, en la que se debe aplicar la información recabada hasta el momento en las fases anteriores y diseñar un mensaje o mensajes que cumplan con los siguientes requisitos:

- Deben estar ajustados al público objetivo, a su lenguaje, deseos, estilos de vida, necesidades, cultura, etc.

- Tienen que servir para transmitir de forma clara, para el público objetivo, la información que se desea comunicar.

6.1. Tipología de los mensajes

Es preciso distinguir entre mensajes cortos y otros que necesiten más desarrollo y extensión.

Los mensajes se pueden resumir en un mensaje clave, llamado eslogan, que contenga la esencia de la comunicación. Este mensaje o eslogan debe ser breve, conciso, impactante, atractivo, ajustado al lenguaje del público objetivo y exclusivo.

Por otro lado, los mensajes según el tono usado en su formulación pueden ser:

- **Informativos:** sobre las acciones del programa.
- **Educativos:** procuran cambios de actitud o comportamiento y su finalidad es educar para el bienestar de la población.
- **Sensibilizadores:** son aquellos que procuran la concienciación de la población sobre temas sociales o de interés general.
- **Participativos:** que procuran o incitan a la población a la participación en la acción.
- **Catastrofistas:** describiendo lo que puede ocurrir si la población continúa con esa actitud o denunciando situaciones o problemas. Creando alarma social.
- **Proactivos:** aportando soluciones o propuestas de mejora frente a la situación actual.

Es preciso validar la efectividad de los mensajes antes de iniciar la campaña de difusión. Para ello, se podrían hacer valer contrastes hechos con grupos pequeños de población o muestras. Se refiere a grupos de personas que tengan características similares a la población objetivo o incluso una muestra de ella. Es necesario enfrentarlos a los mensajes de la campaña y comprobar la efectividad, si son comprendidos y aceptados por la población.

Como se ha comentado anteriormente, la perspectiva de género es necesaria aplicarla de forma transversal en todas las fases del proyecto, así como en la implementación y evaluación del mismo. Por ello, se deberá tener presente a la hora de construir los mensajes esta perspectiva.

En los mensajes se pueden distinguir dos significados diferenciados, por un lado, encontrar el significado estricto o explícito del mensaje y por otro, la parte subliminal o latente. Esta segunda corresponde a un significado construido de forma consciente e intencionada por parte de las personas creativas. Con ellos, se pretende impactar y llamar la atención del público diana. Estos mensajes no pueden ser entendidos por el público, sino responden a valores, pensamientos, sentimientos, deseos, miedos, etc., del público diana, así como también responden a un contexto y ambiente determinado que complementa y da significado. Un mensaje sacado de contexto o que no tenga en cuenta a las personas objetivos no será entendido o pueden ser mal interpretados por el público. Al igual, estos mensajes deben estar enfocados a los objetivos marcados.

6.2. Aplicación de la perspectiva de género en los mensajes

Para aplicar la perspectiva de género se tendrán que tener en cuenta los aspectos que se describen a continuación.

Los estereotipos

Son etiquetas construidas que facilitan el entendimiento de las cosas, pero que en ocasiones producen o generan perjuicios o discriminaciones a grupos de personas. Producen una distorsión de la realidad que es diversa y dispar, pero que con las etiquetas queda encasillada en una realidad construida y acotada, haciendo generalidades y atribuyendo características de forma general. Estos estereotipos no siempre tienen que ser usados de forma perjudicial, sino que son necesarios para las construcciones mentales de las realidades. Pero es necesario tener cuidado con estas construcciones, pues pueden generar desigualdades y estereotipos, como es el caso del género.

Para este caso será necesario romper con los estereotipos no representativos, obsoletos y discriminatorios de los esquemas sexistas. Por poner un ejemplo, en esta campaña de Sanidad se utilizaron dos mensajes distintos dirigidos a jóvenes, uno para chicas y otro dirigido a chicos. El primero *el doble de vulnerables* y el segundo *el doble de ridículo.* Ambos mensajes son disuasorios de la misma actividad y pretenden el mismo objetivo, que ambos no consuman alcohol. Sin embargo, los mensajes son diferentes. El primero *el doble de vulnerable* está asociado a un estereotipo de chica débil, asociada a su papel de víctima y vulnerable. Alude a que con el alcohol puede estar más expuesta a ser herida o lesionada. Sin embargo, *el doble de ridículo* que está asociado más con su papel social, a perder su status o su reconocimiento público. Ambos mensajes encasillan a los jóvenes a estereotipos aprendidos de género.

Campaña ministerial contra el alcohol

Es necesario romper con estos estereotipos marcados de género y desarrollar mensajes construyendo nuevas realidades en las que se visualice a la mujer en su diversidad, ocupando todos los ámbitos de la vida social, económica y política.

Persuasión desde lo racional o desde lo emocional

Como se comentaba en el capítulo primero, la persuasión es una técnica muy usada en publicidad. Recordando lo que se explicó entonces, se ejercía esta persuasión para lograr *el cambio de actitud.* Respecto a la perspectiva de género esta técnica es muy aconsejable para lograr el cambio a construcciones mentales donde hombres y mujeres se liberen de estereotipos y etiquetas encorsetadas.

Como se explicaba, la persuasión puede ser ejercida desde una argumentación racional u otra que eluda a los sentimientos. Ambas, pueden ser usadas para construir los mensajes y lograr los objetivos. Es necesario tener presente que ambas argumentaciones deben estar alejadas de estereotipos de género. A continuación, se verá un ejemplo de argumentaciones mal usadas que se deben evitar:

> *"Amor incondicional" (una colonia de bebés).*
> *La maternidad es una de las mejores etapas de tu vida.*

Durante todo el anuncio se alude al amor incondicional que una madre tiene a su hijo, trabajando a través de los sentimientos de amor, ternura y deseo de cuidado de un hijo, la relación de sentimientos con la marca. Se puede hablar aquí, de una comunicación persuasiva a través de los sentimientos, pero como se muestra en el ejemplo, se mantiene de nuevo los estereotipos de género, en el que la mujer centra su vida en la crianza.

A continuación, se muestra un listado de pautas para la verificación en la construcción de los mensajes sobre la perspectiva de género:

- Los mensajes están redactados con un lenguaje inclusivo y no sexista.
- Los mensajes no utilizan un lenguaje androcentrista.
- Los mensajes no representan estereotipos sexistas.
- No existen juegos de palabras, doble sentido o mensajes encubiertos reproductores de esquemas sexistas.
- Los mensajes están adaptados a los diferentes públicos diana.
- Se ha tenido en cuenta el impacto distinto que tendrá en hombres y mujeres.
- No utiliza imágenes sexistas.
- Están enfocados al cambio de pensamientos androcentristas que anulan a las mujeres.
- Visualizan a las mujeres en su diversidad y mostrando sus capacidades y aportaciones en los diferentes ámbitos políticos, económicos y sociales.

Aplicación práctica

En una campaña de sensibilización de la discapacidad se ha elaborado el siguiente eslogan:

Derechos de los niños con discapacidad "todos queremos jugar".

1. **¿Qué tipo de mensaje es?**
2. **Analice el mensaje desde la perspectiva de género.**
3. **¿Cómo mejoraría el mensaje?**

SOLUCIÓN

1. Es un mensaje sensibilizador.
2. Respecto a la perspectiva de género, el mensaje lingüístico es sexista y androcentrista, solo habla de niños, no dice nada de niñas, es decir, que no ha usado un lenguaje incluyente.

Continúa en página siguiente >>

<< Viene de página anterior

Respecto a las imágenes que usan como transmisoras de valores de tolerancia (un niño con discapacidad y otro sin ella jugando juntos), no han tenido en cuenta la representación de niñas y niños jugando.

3. En cuanto a los cambios:

- Es necesario incluir a las niñas. Por ello, Todos queremos jugar - Todos y todas queremos jugar.
- Es positivo que el niño ejerza ese papel de cuidador, ejercido tradicionalmente por mujeres. Pero igualmente la imagen no representa a niñas. Se podría solucionar haciendo el cambio, en el texto o en la imagen. Pero en la medida de lo posible es necesario no incurrir en lenguaje sexista.
- Incorporando una imagen con una mujer, se trabaja tanto la representación de la mujer como la visualización de la diversidad, incluido la mujer con discapacidad.

---

7. Utilización del lenguaje incluyente y superación del sexismo lingüístico

El lenguaje es una herramienta para la comunicación y para la transmisión de la cultura, convirtiéndose en el instrumento por el que se transmiten o manifiestan pensamientos, ideas o emociones. Es una invención del ser humano que no ocurre de forma arbitraria, sino que es un producto consecuencia de las interacciones sociales y diferentes relaciones de poder a través de la historia.

A pesar de que el papel de la mujer en la sociedad ha experimentado un cambio importante, se siguen manteniendo un mensaje sexista y estructuras lingüísticas mantenedoras del papel tradicional de las mujeres, no representativo de la realidad actual, que las invisibilizan y anulan, situándolas aún en el ámbito familiar y fuera del ámbito público.

El lenguaje no es solo un instrumento de descripción de la realidad sino que posee elementos añadidos de valoración e interpretación, tanto por la persona que emite el mensaje como por la que lo recibe. Sirve para entender el mundo y explicarlo. El lenguaje se transforma, no es estático o impermeable al cambio cultural, histórico o a los cambios sociales, sino que se va transformando y adaptando a la realidad de la cultura y sentir de la sociedad.

Recuerde

El lenguaje transmite la imagen que se tiene del mundo, a la vez que se convierte en instrumento para cambiarlo.

Por ello, las palabras, las construcciones y el significado de los mensajes que se transmiten en la comunicación se deben convertir en el motor y aliado de la creación de nuevas realidades, construcciones sociales, pensamientos y cultura que posicionen a las mujeres y hombres en un plano igualatorio de poder, visibilidad y representación en la sociedad.

7.1. Marco legislativo

Conscientes de la importancia del lenguaje para las construcciones sociales, pensamientos y cultura, los poderes públicos, órganos de representación, entidades privadas que velan por los derechos de las personas, se han hecho eco de la relevancia que tiene transformar el lenguaje sexista. Este debe ser sustituido por un lenguaje incluyente y representativo que se convierta en la base y sustento para luchar contra las desigualdades sociales y las discriminaciones por razón de sexo que atentan contra los derechos humanos. Dicha transformación servirá para construir nuevos paradigmas que sitúen a mujeres y hombres en igualdad de derechos y trato, representados por igual y con acceso libre a las esferas públicas y de poder.

A continuación, se verán algunos ejemplos más destacados del marco legislativo o acuerdos marco que avalan la aplicación de un lenguaje no sexista, tanto en España como internacionalmente.

Marco internacional

La necesidad de eliminar el uso del lenguaje sexista fue destacado en los siguientes acuerdos internacionales:

- Convención sobre la Eliminación de todas las formas de Discriminación contra la Mujer, CEDAW, 1979, ONU:

  La discriminación contra la mujer viola los principios de la igualdad de derechos y del respeto de la dignidad humana, que dificulta la participación de las mujeres en las mismas condiciones que el hombre, en la vida política, social, económica y cultural de su país.

- Declaración de Beijing y Plataforma para la Acción. IV Conferencia Mundial sobre las Mujeres, Beijing, septiembre, 1996.

UNESCO

Por su parte, la UNESCO, se compromete a la eliminación del lenguaje sexista en la redacción de su trabajo y a fomentar esta medida entre los Estados Miembros en las dos siguientes resoluciones:

- Resolución 14.1 (1987) Reunión 24, Párrafo 2.
- Resolución 109 (1989) Reunión 25, Párrafo 3.

Marco para la Unión Europea

A nivel Europeo, se encuentran las siguientes recomendaciones sobre el uso no sexista del lenguaje a los Estados Miembros:

- Recomendación del Consejo Ministerial Europeo (1990) *Eliminación del lenguaje sexista.* Es importante resaltar aquí que se reconoce que el lenguaje supone un obstáculo para alcanzar la igualdad real entre mujeres y hombres, que este lenguaje niega la existencia de la mitad de la humanidad y propone una serie de medidas:
  - Que los países miembros promuevan medidas para favorecer un lenguaje no sexista y que tenga en cuenta a la mujer en la sociedad.
  - Promover, en los textos administrativos, jurídicos o elaborados por el ente público, el lenguaje incluyente según el principio de igualdad.
  - Fomentar en los medios de comunicación el lenguaje libre de sexismos.

Marco nacional

En España, se encuentra recogida la eliminación del lenguaje sexista en los siguientes ordenamientos jurídicos:

- Orden de 22 de marzo de 1995, por la que se adecua la denominación de los títulos académicos y profesionales a la condición masculina o femenina de quienes lo obtengan.
- Ley Orgánica 3/2007 para la Igualdad Efectiva de Mujeres y Hombres: los medios de comunicación públicos y privados deben velar por *la transmisión de una imagen igualitaria, plural y no estereotipada de mujeres y hombres en la sociedad.* Toda publicidad que implique una conducta discriminatoria, de acuerdo con esta ley, se considerará publicidad ilícita.
- Ley 15/2022, integral para la igualdad de trato y la no discriminación: las administraciones públicas han de promover una imagen no estereotipada de la población y un lenguaje que no sea discriminatorio ni intolerante.

7.2. El lenguaje sexista

El lenguaje no es sexista por sí solo, es sexista por el uso que se hace de él. Este es reflejo de las desigualdades vividas por las mujeres a lo largo de la historia y que queda impregnado en las costumbres, formas de pensar y cultura, y como no podía ser de otro modo, se ve reflejado en el uso que se hace de la lengua. Viene cargada de estereotipos, expresiones discriminatorias, vocabularios con significados alterados que descalifican a la mujer. Por otro lado, el uso continuado de construcciones y usos lingüísticos que no contemplan o presentan a la mitad de la sociedad y por tanto, queda excluida de la vida pública, hace parecer que solo exista un sexo, el hombre. Las mujeres quedan como complementos, en un segundo plano, supeditadas a la soberanía del hombre, o mucho más grave, como posesiones de él.

Aunque en la actualidad la mujer va ocupando cada día esferas diferentes de la vida privada y familiar, situándose en puestos de poder y decisión hasta ahora negados, el lenguaje sigue siendo un lastre, como ha sido reconocido en el marco legislativo, por poderes públicos y entidades relevantes. Sigue siendo una barrera para alcanzar los objetivos de igualdad real y eliminación de todas las formas de discriminación hacia las mujeres. Es necesario, modificar pensamientos y significados, a través del lenguaje, visualizar el papel real que ocupa y debe seguir ocupando las mujeres, mostrar su independencia del hombre, sus singularidades que deben quedar reflejadas en las formas de comunicación.

Definición

Lenguaje sexista

Todo aquel lenguaje que suponga una discriminación por razón de sexo, principalmente hacia las mujeres, reforzando estereotipos y desigual situación de poder en la sociedad.

Una de las formas de comprobar el sexismo en los textos es la llamada **regla de inversión,** se trata de sustituir los términos en masculino por su femenino y viceversa, comprobando si el texto resulta inadecuado.

Ejemplo

Las secretarias se encuentran en la planta baja.

Sustituida por:

Los secretarios se encuentran en la planta baja.

No tiene el mismo sentido porque secretaria se refiere a una categoría inferior laboral respecto a la de secretario, que se refiere a un cargo directivo.

7.3. El masculino genérico

Uno de los errores más comunes en los que se incurre es la confusión que se establece entre sexo y género. El lenguaje no tiene sexo, tiene género gramatical. El sexo se refiere a un rasgo biológico de los seres vivos. El género gramatical clasifica a los sustantivos en masculinos o femeninos, así como, los adjetivos y determinantes para dotar de concordancia a las oraciones. Existen también sustantivos que aún siendo de género femenino o masculino se refieren a seres asexuados, por ejemplo, mesa (género femenino) no tiene sexo, es un objeto. De igual forma, los sustantivos genéricos o los colectivos en los que independientemente de su género gramatical se refiere a ambos sexos, por ejemplo: el individuo, la persona (sustantivos genéricos), la plantilla, el equipo (colectivos).

Existen también sustantivos que no varían para designar el género, que lo marca el uso de los determinantes que lo antecedan, por ejemplo: el violinista o la violinista, la pediatra o el pediatra.

El problema principal en cuanto al sexismo lingüístico se encuentra en el uso recurrente del masculino genérico. Esto quiere decir, que cuando se usa el género femenino en español, este hace referencia a la mujer exclusivamente. Sin embargo, cuando se usa el género masculino puede referirse de forma restringida al hombre o de forma genérica a ambos sexos, por ejemplo: las hermanas (son todas mujeres), los hermanos (referido a todos son hombres o referido a mujeres y hombres).

El uso de estos masculinos genéricos invisibilizan a las mujeres y en muchas ocasiones provocan ambigüedades, lenguaje excluyente y sexista.

Por ello, debe evitarse el uso del masculino genérico y sustituir por opciones que nombre a las mujeres y no la excluyan de la comunicación, así como fórmulas que no sean confusas y especifiquen a quiénes está dirigido el mensaje o a quiénes hace referencia, por ejemplo: los trabajadores de la fábrica serán convocados mañana.

El uso de este masculino genérico (los trabajadores) excluye a las trabajadoras. Por ello, debe ser sustituido por fórmulas más incluyentes como: la plantilla de la fábrica o el personal de la fábrica.

También, es necesario resaltar los peligros que tiene la utilización del androcentrismo en el lenguaje. Se refiere a la visión única del hombre, excluyendo a la mujer del discurso. Esta visión única es provocada por el uso continuado del masculino genérico y la utilización de la palabra "hombre" como sustituto de humanidad. Esto se ve muy claramente estudiando la historia, es común encontrar: *el hombre llegó a la luna, la evolución del hombre, en la edad media el hombre...* Al igual que hoy en día se encuentran textos donde la mujer, simplemente no está representada aunque el texto también este dirigido a ella: *todos somos iguales ante la ley, firma del interesado, firma del padre o tutor.*

Destacar por último, que debido a los estereotipos y desigualdades hacia la mujer, se pueden encontrar palabras en femenino cuyo significado ha adquirido un sentido peyorativo, en escalas inferiores o usados como insultos, distintos de la misma palabra en masculino, por ejemplo: zorro-zorra (diferente del animal un insulto a la mujer), secretario-secretaria (en el hombre es un cargo de responsabilidad y en la mujer se refiere a un cargo de inferior categoría), eres un nenazas (insulto hacia el hombre que se considera débil).

Como resumen de lo tratado, se resaltan las siguientes recomendaciones en el lenguaje:

- Evitar el uso del masculino genérico.
- Evitar el androcentrismo centrado en la visión del hombre.
- Evitar el uso de palabras o construcciones esteriotipadas, insultantes o vejatorias hacia las mujeres.
- No es suficiente con evitar en las construcciones el lenguaje sexista, sino que de igual forma el mensaje y el contenido no deben incurrir en desigualdades, estereotipos o sexismo.

Aplicación práctica

Analice el siguiente texto:

Estimados padres,

Dentro de las actividades organizadas por la Escuela, se tiene programado el próximo día 12 de junio, viernes, asistir a la granja escuela "La casita de Pedro".

La hora de salida será a las 9 h desde el propio centro. Es necesario que todos los alumnos vengan con el uniforme de la escuela. El precio es de 18 € por niño. En el precio está incluido el desayuno, almuerzo y el transporte. Si alguna mamá desea llevar alguna comida de casa es necesario que avise a la tutora del curso.

Si desea que su hijo/a asista, se ruega devuelva el volante firmado, junto al importe solicitado, antes de jueves día 11.

Autorizo a mi hijo/a ______________________________ como padre o tutor del alumno a que realice la excursión programada a la granja escuela "la casita de Pedro" el próximo día 12 de junio.

Firma del padre o tutor:

1. **Determine si el texto utiliza un lenguaje sexista, androcentrista o discriminatorio por razón de sexo.**
2. **Localice los términos, si los hay, que incurran en sexismo lingüístico.**

SOLUCIÓN

1. El texto incurre en los tres conceptos nombrados. Utiliza un lenguaje sexista, centrado en una visión masculina por el uso reiterado de masculino genérico, invisibilizando a las mujeres, dando a entender que la autorización o decisión solo la tienen los padres. Solo utiliza en dos ocasiones el desdoblamiento hijo/a, pero en el resto del texto el trato a las mujeres es excluyente y sexista.

Continúa en página siguiente >>

<< Viene de página anterior

Además en la frase "las mamás que quieran traer..." se produce lenguaje esteriotipado, solo se refiere a las mujeres, en términos más informal (mamás), para hablar de traer comida (asunto de mujeres). Pero el que firma es el padre. Es un texto discriminatorio y sexista.

2. Sustantivos genéricos:

- Estimados padres
- Los alumnos
- Por niño
- Mamá (trato no adecuado a la mujer dentro de un documento formal)
- Firma del padre o tutor
- A la tutora

7.4. Recomendaciones para evitar el sexismo lingüístico

A continuación, se elabora un listado de recomendaciones para sustituir las construcciones sexistas por otras que den como resultado un lenguaje incluyente, que represente a toda la sociedad y no incurra en discriminaciones por razón de sexo. Este listado de buenas prácticas se divide en dos bloques, el primero referido a sugerencias específicas de la gramática y el segundo son recomendaciones generales.

Bloque 1. Recomendaciones gramaticales

En las construcciones gramaticales es necesario aplicar las siguientes recomendaciones para evitar el uso sexista del lenguaje:

- Evitar la utilización de masculinos genéricos y sustituirlos por sustantivos, como los genéricos no sexuados, los colectivos o los abstractos (se refiere a los que hacen referencia al cargo o profesión de la persona). **Ejemplos:**
  - Persona, gente o individuo (sustantivos genéricos no sexuados).
  - Profesorado, ciudadanía o familia (colectivos).
  - Dirección, Alcaldía, Abogacía, etc.

- Uso de denominaciones dobles: es correcto y necesario nombrar a las mujeres desdoblando sustantivos y adjetivos.
  Ejemplo: sustituir trabajadores por trabajadores y trabajadoras; trabajadoras y trabajadores; trabajadores/trabajadoras; trabajadoras/trabajadores.
- Para agilizar el texto y no usar constantemente las denominaciones dobles, se pueden recurrir al uso de genéricos y sustantivos colectivos.
  Ejemplo: sustituir trabajadores por el personal, las personas trabajadoras, la plantilla.
- Uso de perífrasis: en lugar de utilizar sustantivos determinados por el género, se puede utilizar una frase explicativa.
  Ejemplo: sustituir españoles por la población de nacionalidad española. En un documento, sustituir nacido en por lugar de nacimiento. Sustituir si hay alguien interesado en inscribirse por si alguien tiene interés por inscribirse.
- Omitir referencias directas al sujeto: utilizando verbos en infinitivo o en gerundio y con el uso impersonal del se.
  Ejemplo: sustituir el trabajador debe fichar por la mañana por se debe fichar por la mañana, es necesario fichar por la mañana. Sustituir firma del trabajador por firmando.
- Omitir pronombres y artículos o sustituirlos por quien, quienes.
  Ejemplo: sustituir los periodistas asistieron a las jornadas e hicieron fotos de los participantes por periodistas asistieron a la reunión e hicieron fotos de participantes; periodistas asistentes a las jornadas hicieron fotos de participantes; periodistas que asistieron a las jornadas hicieron fotos a quienes participaban.

Bloque 2. Recomendaciones generales

A continuación, se enumeran unas recomendaciones generales para no realizar un uso sexista del lenguaje:

1. Evitar el lenguaje que ignore o anule a la mujer.
2. Se deben utilizar el femenino en profesiones, cargos, títulos.
3. Evitar el masculino genérico.
4. Es necesario dar a las mujeres y hombres un tratamiento simétrico.
5. No nombrar a las familias con el apellido del padre.

6. Desligar el lenguaje de estereotipos o roles que provoquen discriminación o violencia de género.
7. Otra opción es realizar los desdoblamientos solo con los artículos o determinantes, por ejemplo:

   - Los y las trabajadoras.
   - Aquellas y aquellos trabajadores.

8. Evitar el uso de la @ y utilizarlo solo en textos informales.
9. Es necesario respetar las normas de la gramática.
10. Procurar la economía lingüística y las formas que sean excesivamente complicadas y engorrosas de leer.
11. Vigilar que el sentido de los mensajes no varíen al aplicarle los tratamientos de igualdad.

Aplicación práctica

Busque una solución lingüística para eliminar el sexismo en los siguientes enunciados:

- **Es necesario que los internistas ejecuten las medidas.**
- **Para entrar en el portal es necesario usar el nombre de usuario y contraseña, si no está seguro de los datos llame a la teleoperadora.**
- **Los padres y los alumnos del centro tendrán que entrar por la puerta principal para acceder al listado de matriculados del centro.**
- **Para las pruebas de selección los aspirantes deberán rellenar el impreso y estar firmado por el interesado.**
- **Los participantes de las pruebas serán premiados a la finalización de cada actividad.**
- **Los jóvenes y los niños son grupos de riesgo.**
- **El Presidente del Consejo puede revocar la solicitud de cualquier candidato.**
- **Los beneficiarios de las ayudas reservadas para discapacitados deberán acreditarla presentando la documentación sellada por el director del centro.**

SOLUCIÓN

Se podrían quedar de la siguiente manera:

Continúa en página siguiente >>

<< Viene de página anterior

- Es necesario que el equipo de internistas ejecute las medidas.
- Para entrar en el portal es necesario usar el nombre de la persona usuaria y contraseña, si no está segura de los datos llame al servicio de atención telefónico.
- Las familias y el alumnado del centro tendrán que entrar por la puerta principal para acceder al listado de quienes hayan obtenido matrícula en el centro (matriculadas y matriculados en el centro).
- Para las pruebas de selección se debe rellenar el impreso y estar firmado por la persona interesada.
- Los y las participantes de las pruebas serán premiadas a la finalización de cada actividad.
- Jóvenes y menores son grupos de riesgo.
- Quien ostente la presidencia del consejo puede revocar la solicitud de cualquier candidato o candidata.
- Las y los beneficiarios de las ayudas reservadas a personas con discapacidad deberán acreditarla presentando la documentación sellada por la dirección del centro.

---

8. Descripción y caracterización de los soportes de comunicación existentes (formales e informales)

El concepto soportes de la información hace alusión a los diferentes materiales en cuya superficie se registra la información. Se puede hacer publicidad en camisetas, carteles, vallas publicitarias, etc. También, se ha definido según el diccionario de *marketing* de *socialetic.com* como:

Los soportes publicitarios son las diferentes opciones que se tienen para realizar publicidad en cada uno de los medios de comunicación que existen.

Por otro lado, para comprender la tipología de los soportes más adecuadamente se hablará de la influencia de David Ogilvy que trazó una línea sobre papel para diferenciar la publicidad por encima de la línea y la denominó publicidad *above the line* (ATL) para referirse a la publicidad que utiliza medios masivos de publicidad *(mass media),* y situó por debajo de la línea a *below the line* (BTL) refiriéndose a los no masivos.

Se podrá entonces hablar de soportes publicitarios ATL y BTL:

- **Soportes publicitarios ATL:** aquí se encuentran los diferentes canales de las distintas televisiones, los diferentes periódicos, distintos canales de radio, diferentes vallas publicitarias, cines, etc.
- **Soportes publicitarios BTL:** se encuentran todos los demás. Es muy difícil numerar los diferentes tipos de soportes BTL, ya que todos los días, los creativos o responsables de desarrollo publicitario, crean nuevos soportes. La creatividad y combinación de opciones son claves para elaborar campañas de éxito. Se encuentran, folletos, camisetas, *mailing,* bolsas (superficie con publicidad), tablón de anuncios, en artículos de *merchandising,* etc.

Nota

Los soportes BTL son normalmente más económicos que los ATL y en ocasiones son más impactantes y sorprendentes para el público.

Habría que distinguir también las diferentes formas publicitarias de cada canal o soporte, es decir, las distintas configuraciones en las que se diversifican los medios y soportes.

El proceso de selección de canales, acciones y soportes comunicacionales son fundamentales para el éxito de la campaña.

Se podrán distinguir diferentes tipos de soportes de comunicación atendiendo a los rasgos que presenta. Atendiendo a su carácter se dividen en:

a. **Informativos:** la finalidad de estos soportes de comunicación y como su nombre indica es informar sobre acontecimientos que sean de interés general. Los más destacados son los informativos de televisión, las cadenas de radio de noticias, por supuesto los periódicos o revistas de información. En su mayoría se emiten o se publican de forma diaria o semanal.

b. **De entretenimiento:** la finalidad de estos soportes es la búsqueda de la distracción y esparcimiento del público en general. Se encuentran en esta clasificación los medios de información de sucesos de sociedad, programas de humor, música, concursos, dibujos animados, cine, deporte, entre otros. Este tipo de soportes de comunicación son los de mayor audiencia y éxito.
c. **De análisis:** la finalidad última de estos soportes de comunicación es dar una información de los acontecimientos y de la actualidad, pero a través del análisis, investigación, para entender y explicar lo que está pasando, obteniendo una mayor dimensión de la noticia. Es común invitar a especialistas que expliquen y opinen sobre el tema y de esta forma conseguir que el público entienda las causas y consecuencias del tema en cuestión. Formatos como crónicas, debates, documentales, etc., y los temas más comunes son políticos, económicos o sociales.
d. **Especializados:** en este tipo de soportes de comunicación los teman giran en torno a contenidos culturales, científicos u otros que interesan a un sector determinado de la población. No son temas de interés general o que estén dirigidos para todos los públicos, sino más bien todo lo contrario están enfocados al análisis, información o investigación de temas muy concretos. El trato de la información es riguroso y en ocasiones no entendidos por el público en general por su grado de tecnicismo. En esta clasificación se encuentran, revistas especializadas en temas de investigación científica, temas médicos, de literatura o deportes. También, se pueden encontrar cadenas especializadas o programas especiales, pero son menos comunes que los medios impresos.

Actividades

13. ¿Cree que los soportes de comunicación han perdido su carácter informativo para pasar a ser una herramienta de la economía? Justifique su respuesta.
14. ¿Cree que para la difusión e información de temas sociales es correcto valerse de espacios principalmente de entretenimiento? Justifique su respuesta.

9. Descripción y caracterización de los canales de comunicación existentes (formales e informales)

Cuando se habla de canales de comunicación se hace referencia a las vías que se usan para hacer llegar la información al receptor. Los canales de comunicación pueden ser definidos como: *las vías utilizadas en la comunicación para hacer llegar la información del emisor al receptor.* Los canales de comunicación pueden ser:

- **Canales de comunicación personales:** son los que se realizan sin usar medios o aparatos tecnológicos para hacer llegar la información. Se estaría hablando de canales en los que la información o mensaje se transmite directamente de persona a persona. Se refiere aquí a la comunicación que se establece entre dos o más personas. Por ejemplo, una conversación cara a cara, una persona o varias que se dirigen a un público, un grupo de personas interactuando. Implica la presencia física de las personas.
- **Canales de comunicación no personales:** se refiere a todas las vías de comunicación que precisan de un medio de comunicación para poder realizarse. Aquí se incluyen, tanto los medios de comunicación *mass media* (medios de comunicación dirigidos a grandes masas de población), por ejemplo, radio, televisión, etc., como los auxiliares (medios dirigidos a una audiencia más reducida) por ejemplo, radio y prensa local, publicidad exterior, etc.

Antes de hablar detenidamente de ambos, es necesario resaltar que para realizar la elección de los canales y medios que se usarán para la difusión de la información es necesario establecer una serie de pautas que guiarán esta elección. Premisas a tener en cuenta:

1. El objetivo de la comunicación.
2. El alcance del canal.

   - ¿Es necesario acudir a medios masivos?

3. El público objetivo:

- ¿Qué medios consume el público objetivo? Diferenciando entre mujeres y hombres.
- ¿Cuál es el medio líder en su entorno?
- ¿Existen medios en la comunidad?
- ¿Qué difusión tiene?

4. La relación coste efectividad del canal para llegar al público.
5. El mensaje y la frecuencia.
6. El presupuesto.
7. Capacidad de generar el cambio.

9.1. Canales de comunicación personales

Los canales de comunicación personal, como se ha visto anteriormente, se trata de las diferentes vías de comunicación que pueden establecerse entre la entidad y la comunidad para la transmisión de información.

Estas vías implican una relación directa, física, personal, sin intermediación de ningún sistema o aparato que medie la comunicación.

Como ejemplo de estos canales de comunicación se encuentran:

- Jornadas
- Conferencias
- Reuniones
- Información personal
- *Networking*
- Etc.

También es necesario destacar aquí la importancia que tiene el fomento de la participación de la comunidad como una vía de contacto y comunicación continuada con ella.

Para ello, se va a hablar de una nueva óptica de la organización, lo que se conoce como **comunicación vincular.** Esta visión, como su nombre indica, trata de crear vínculos con la comunidad, encuentros y diálogos a través de la participación.

La comunicación vincular tiene las siguientes características:

- La protagonista no es solo la organización sino que el público objetivo cobra protagonismo en la acción comunicativa.
- La organización y la comunidad se convierten en agentes de cambio.
- Al tratarse de diálogos, intercambios de información, debates, la comunicación se convierte en bidireccional.
- El objetivo es construir entre todas las personas implicadas ideas, alternativas, objetivos y mensajes.
- Las herramientas y estrategias de comunicación están enfocadas a la creación de espacios de diálogos.

Definición

Promoción de la participación
Todas aquellas acciones encaminadas a provocar que colectivos, beneficiarias y beneficiarios de las políticas y acciones de desarrollo, pasen a formar parte del proceso de cambio.

La comunicación vincular construye escenarios de diálogos y contacto. Promueve que la comunidad se involucre a través de la participación activa en las acciones de la comunidad. Se crean espacios de intercambio de información entre las personas protagonistas y los potenciadores del cambio. De esta forma, la organización va obteniendo información actualizada sobre la situación de la comunidad. Se considera una fuente constante de información.

En la creación de espacios de participación, donde las soluciones parten de la propia comunidad, la información está de primera mano, ganando en credibilidad y creando escenarios adecuados para el cambio.

También es importante resaltar, que la participación no es algo que se obtenga de forma inmediata o que se pueda aplicar a todos los públicos. La participación es algo que se obtiene a través de la planificación e implementación de programas que promuevan y contengan diseños enfocados a objetivos participativos. Es algo que se consigue día a día, creando canales adecuados, es un proceso continuo en permanente construcción.

Se pueden distinguir diferentes niveles de participación:

- **Participación en la información:** se basa en promover entre la comunidad la participación en la aportación de la información para la construcción de programas y proyectos sociales. Se trata de recibir información de primera mano, información de los protagonistas.
- **Participación en la toma de decisiones:** la solución a los problemas, los planteamientos de cambios de comportamientos parten de la comunidad. Ellos son los protagonistas de los cambios sociales.

Es importante implantar en la organización una estrategia dirigida a la comunicación vincular porque:

- Considera a las personas como sujetos de sentido, con voz propia.
- Genera en la comunidad un mayor grado de involucramiento, apropiación y compromiso con los objetivos de la organización.
- Permite el enriquecimiento de las soluciones, alternativas o decisiones al contar con perspectivas más reales y cercanas al problema.
- Alienta el sentido de pertenencia y unión a la organización y a la comunidad a la que pertenece.
- Da la oportunidad de una distribución compartida de tareas, responsabilidades, riesgos y logros.
- Tiene como resultado el empoderamiento de los grupos.
- Al ser ellos mismos los protagonistas del cambio hace que sea más factible que se mantengan estos cambios en el futuro.

Actividades

15. ¿Cree que sería correcto usar una perspectiva vincular en un programa de prevención del maltrato a las mujeres? Justifique su respuesta.
16. Indique los dos niveles de participación en la comunicación vincular.

9.2. Canales de comunicación no personales

Dentro de las diferentes opciones que existen para elegir el canal de comunicación más adecuado para llegar al público objetivo, no solo se pueden contemplar los grandes medios como prensa, radio, televisión, etc., para hacer llegar los mensajes del programa. Se verá a continuación una clasificación de los medios para contemplar las diferentes opciones antes de tomar las decisiones oportunas.

Existen diferentes formas de clasificación de los medios, sin embargo, en esta ocasión se hará en base a la consideración de medios formales o informales para establecer las diferencias. Como se ha explicado anteriormente, y al igual que la diferenciación que se hizo para soportes, los medios de comunicación pueden ser:

- **Medios formales o convencionales:** estarían contemplados en esta opción los medios de comunicación de masas y los auxiliares. Los medios formales son los medios más usados para la publicidad de forma tradicional. Los medios de comunicación de masas o *mass media* son aquellos que llegan a un gran número de audiencias y se contemplarían dentro de estos a la televisión, radio, revistas, cine y prensa.
- **Medios auxiliares:** tienen una audiencia menor que los *mass media.* En esta clasificación se encuentra la publicidad exterior y la publicidad directa.
- **Medios informales o alternativos**: hace referencia a las nuevas formas de publicidad que nacen de la creatividad de los publicistas y de estrategias del *marketing.* Son llamados también como *below the line* (por

debajo de la línea). Surgen de la búsqueda de nuevos canales de difusión donde conectar de una forma más directa y creativa con el público objetivo. Suelen ser medios más económicos. Las alternativas se presentan como ilimitadas y cada día surgen nuevas fórmulas que dan nuevas respuestas a la consecución de estrategias más eficaces. Todas estas técnicas surgidas y creadas desde el *marketing* o mercadeo comercial deben ser usadas de forma estratégicas para la promoción de productos sociales. Nacen al amparo de los llamados micromedios (correo, buzón, publicidad directa) y muchos de ellos se han revolucionado con la llegada de internet. Es difícil delimitar en ocasiones, estas acciones de otras, de las llamadas formales, puesto que la combinación de varios medios y micromedios darán como resultado mejores estrategias de venta y una mayor posibilidad de hacer llegar los mensajes al público objetivo.
En la clasificación de medios alternativos se encuentran medios como:

- *Marketing* promocional.
- Producto en punto de venta.
- Ferias, exposiciones.
- Regalos y objetos publicitarios.
- Las promociones de venta.
- Etc.

*Ejemplo de medios **below the line***

Por otro lado, se hace imprescindible nombrar internet y a su infinidad de opciones como una de las alternativas más innovadoras y eficaces para llegar a casi todos los segmentos del público objetivo. Es importante conocer aquí lo que se conoce como la web 2.0; con este nombre se distinguen los sitios web que permiten a internautas navegar por la web de una forma interactiva y participativa, dando la posibilidad de construir contenido junto con la comunidad virtual. Como ejemplos se tienen:

- Los blogs.
- Las aplicaciones, servicios o comunidades web.
- Servicios de alojamientos web.
- Servicios de redes sociales.
- Servicios de alojamientos de videos.
- Etc.

Ciertamente, los medios informales son un conjunto de acciones muy distintas entre sí. Dentro de la planificación de la comunicación se debe elegir cuál será el medio o la combinación de medios más adecuada para alcanzar los objetivos del programa. Incluso se puede concluir que la publicidad formal no responde a los objetivos y que es más idóneo usar otras vías para llegar al público objetivo.

Actividades

17. Ponga dos ejemplos de medios alternativos.
18. Reflexione sobre esta cuestión. La web 2.0 potencia la participación de la población en la construcción de contenido. ¿Cree que pueden ser usadas como canal de participación social? Justifique su respuesta.

Los medios de comunicación son herramientas usadas por la sociedad para informar y difundir mensajes en formato de texto, sonoro, visual o audiovisual. Algunas veces son usados para informar a grupos de población o al total de la sociedad *(mass media)* y en otras ocasiones a grupos más reducidos.

La sociedad, de forma diaria usa la información que le ofrecen estos medios de comunicación que describe, analiza o explica los acontecimientos o hechos políticos, sociales o culturales. Los medios de comunicación permiten a las personas mantener procesos de intercambios de información o de conocimiento social. La proliferación de los canales y medios de comunicación e información vienen dadas por el carácter propiamente humano, su necesidad de relacionarse e interaccionar con el resto de seres humanos. Se vive en una sociedad cada vez más globalizada, donde puedes conocer lo que sucede en la otra parte del mundo con tan solo encender la televisión, donde los medios de comunicación están implantados, forman parte del día a día, de la cotidianidad de la mayoría de la sociedad. Se ve la televisión, se lee el periódico, revistas, se escucha la radio y ahora con la proliferación de internet, las personas están conectadas las 24 h con los dispositivos móviles.

Esta situación llega al campo del mercadeo como una oportunidad que convierte a los medios de comunicación en la vía más eficaz y rápida para transmitir los mensajes.

Recuerde

Los medios de comunicación son productos del carácter propiamente humano y su necesidad de interaccionar con el resto de individuos.

9.3. Canales y medios de comunicación y sus características

A continuación, se hará una descripción de canales y medios de comunicación más importantes.

Televisión

La televisión es el medio de comunicación más completo, puesto que usa de forma combinada la imagen, el sonido y el movimiento. Es un medio muy persuasivo y cargado de fiabilidad (si sale en la televisión es bueno).

Se puede realizar una publicidad muy dirigida a públicos concretos de la población o abarcar un público muy extenso.

La utilización de voz humana, imágenes, música y efectos especiales personalizan el mensaje. Es capaz de transmitir valores o estilos de vida. El poder de la televisión es inmenso, gran penetración con un número elevado de potenciales espectadores y espectadoras. Además de altamente eficaz por la rapidez de propagación. Es el mayor medio informativo y de entretenimiento, no superado ni por la radio ni por la prensa. Pero esta publicidad es fugaz, aunque puede solucionarse a través de las continuas repeticiones. Quizás en la actualidad esté algo saturada por el exceso de publicidad, debido a la necesidad de financiar las cadenas a través de los anuncios.

El principal problema de la televisión es su alto coste, tanto de producción como de emisión. En la mayoría de los casos es inalcanzable para entidades sociales. También, es importante reflexionar sobre la verdadera eficacia de la televisión cuando se busca influenciar a grupos específicos. La televisión funciona a la perfección cuando se habla de influenciar a grandes masas, pero cuando se dirige a un segmento muy específico es cuestionable su eficacia.

En televisión, pueden encontrarse los siguientes **formatos de publicidad:**

- **Publirreportajes:** pequeñas películas, con estilo descriptivo informativo de servicios o productos de la entidad.
- **Programas patrocinados:** publicidad en emisiones habituales, aparece en las aperturas y cierre de programas.
- **Telepromoción:** consiste en poner a disposición del anunciante un espacio que utilizarán para promocionar un uso de sus productos. Existe el formato dentro de un programa determinado y el espacio conocido como *Teletienda.*

- **Publicidad estática:** se trata de insertar grandes instalaciones publicitarias en espectáculos televisados.
- ***Product Placement:*** es la colocación de productos o marcas formando parte de la producción de una serie o programa.

También me gustaría hacer una mención especial a las diferentes campañas solidarias, galas benéficas, espacios solidarios, etc., que desde las distintas cadenas de televisión realizan para recaudar fondos, transmitir a la población el trabajo de una ONG o sensibilizar sobre temas sociales. Estas campañas son gratuitas para la entidad, aunque se centran en grandes ONG como Unicef, Cruz Roja, Manos Unidas, etc., son recursos que pueden alcanzarse si los objetivos del programa precisan esfuerzos mayores.

Radio

A nivel operativo la radio es el medio más rápido de comunicación de noticias. Permite emitir constantemente e interrumpir programaciones para dar una noticia. La publicidad también puede realizarse y cambiarse con rapidez.

Es un medio muy accesible a los ciudadanos. Se transporta fácilmente y se puede escuchar mientras realizas otras tareas, conduciendo, trabajando, corriendo, etc.

Como es un medio consumido, generalmente, de forma individual, el empleo de la voz humana logra transmitir de una forma especial el mensaje, (la magia de la radio) haciéndolo muy eficaz.

Como limitaciones se encuentra la ausencia de la imagen, la fugacidad del mensaje (si no pones atención no lo entiendes). Pero es un medio que presenta muchas ventajas por su accesibilidad, coste de producción y emisión relativamente moderado, sobre todo en los casos de radios locales, además de la posibilidad de seleccionar el público objetivo, tanto geográficamente como por segmentos de población.

También es importante resaltar la capacidad tan elevada de la publicidad radio, siendo uno de los medios más creativos.

Como formatos de publicidad en radio se tienen:

- **Cuña:** mensaje comercial de corta duración, que fue grabado previamente a su emisión. Es el formato más habitual en radio.
- **Flash o ráfaga:** frase corta, que suele durar unos segundos y que suele remitir a una cuña o a una campaña más amplia.
- **Mención:** mensaje comercial realizado en directo por el locutor o locutora del programa.
- **Microprograma:** consiste en llevar a cabo un formato parecido al programa habitual pero de corta duración, para distanciarse del formato publicidad y es igualmente producido con el locutor habitual.
- **Programa patrocinado:** se produce cuando la entidad patrocina o financia un programa.
- **Guía comercial:** consiste en la lectura de un comunicado comercial (un comunicado es un mensaje publicitario enviado por anunciantes a la emisora para que se lea textualmente, no tiene aspecto radiofónico, pretende asemejarse a una noticia).
- **Concursos:** son microprogramas donde la publicidad está incluida a través de la financiación o cesión de los premios.
- **Unidades móviles:** son microprogramas, grabados o en directo, en los que se retransmite un evento desde la sede de la entidad anunciante.

Importante

Una de las ventajas más importantes de la radio como medio de comunicación es la alta capacidad de segmentación del público objetivo.

Prensa

La prensa es un medio de comunicación muy flexible en cuanto a posibilidades de inclusión de publicidad. Permite incluirla en cualquier página y formato. Además, es un medio económico y accesible para muchas entidades pero aun así, es un medio de comunicación con un alto grado de credibilidad.

Los numerosos formatos que presenta la publicidad confieren a la prensa un carácter flexible en cuanto a respuestas frente a la empresa que se desea anunciar. Es posible gastar poco dinero o hacer una inversión mayor.

También se presentan como ventajas la inmediatez, tanto en la contratación como en la publicación, normalmente de tirada diaria o semanal.

Por otro lado, es ideal para la selección del segmento de población al que se pretende dirigir la publicidad, sobre todo a nivel geográfico. Es posible a través de la elección de periódicos de tirada local, regional o nacional.

Como desventajas, se encuentra la baja calidad de la publicidad, normalmente blanco y negro, con poca resolución, etc., aunque esto permite el bajo coste. También, la posibilidad de acceso a todo tipo de anunciantes y de distintas temáticas. Incluso la permanencia fugaz del anuncio (un día), aunque permite al público, guardarla y conservarla en el tiempo.

Por último, la desventaja más significativa es la bajada de consumo de prensa impresa a medida que prolifera la prensa digital. Sobre todo el segmento de población más joven, prefiere el formato digital al papel.

Los diferentes formatos de publicidad en prensa son:

- **Páginas:** se puede contratar dentro de la página distintos formatos como la doble página, media página o una página. Ya contratar tres páginas es más caro, por estar fuera de lo estándar. Existe distintos formatos, como publicidad o publirreportaje. Las páginas impares son más caras.
- **Módulos:** que son las unidades de medida del anuncio. Se puede contratar un módulo, dos, seis o la cantidad que se precise. Algunos periódicos lo estipulan hasta seis u ocho y a partir de aquí lo estandarizan.

Existen formatos estandarizados como son el **faldón** (de dos o tres módulos de alto y toda la página de ancho), cabecera o columna, según la disposición de los módulos en la página.

No hay mucha diferenciación en cuanto al emplazamiento del anuncio, pero sí es verdad, que en ciertos lugares es más caro, como portada o contraportada.

Otro tipo de formato son los **encartes,** que es un tipo de publicidad introducida en el interior del periódico pero con otro formato de papel, a color y otras calidades. Esta publicidad es impresa por el anunciante y distribuida junto con el periódico.

Actividades

19. ¿Cree que la prensa está en riesgo por el desplazamiento provocado por la proliferación de los recursos digitales de información? Justifique su respuesta.
20. Establezca la diferencia que existe en el uso de la prensa que hacen hombres y mujeres.

Revistas

Las revistas al igual que los periódicos son accesibles a un gran número de anunciantes y son muy flexibles en cuanto a posibilidades de contratación de espacios publicitarios.

Las diferencias más relevantes que se encuentran con la prensa son las siguientes:

- No suelen ser de tirada diaria como la prensa. Suelen ser semanal o mensual.
- Como tienen más tiempo para confeccionarla son de mayor calidad de impresión que la prensa, lo que permite una publicidad a todo color y de altas calidades de resolución e impresión. También es común el troquelado especial, con desplegables u otros para publicidades.
- A diferencia de la prensa la selección de la segmentación geográfica es menor, pero mayor la demográfica por ser las revistas especializadas y dirigidas a públicos concretos.

- La permanencia en el mercado es mayor que la de la prensa.
- La credibilidad es relativa y depende de la revista y su temática.

Nota

Muchas entidades sociales u ONG editan sus propias revistas como medios de recaudación de fondos, a la vez que de divulgación de su labor.

Los diferentes tipos de formato de contratación son:

- No se contratan por módulo sino por páginas, medias páginas o emplazamiento del anuncio. Los emplazamientos más importantes son:
  - Contraportada.
  - Interior de contraportada.
  - Interior de portada.
  - Primera doble página.
  - La segunda y tercera página también son más caras, así como, los anuncios junto al sumario.
  - Doble página central.
- La contratación de la media página puede ser en horizontal, arriba o abajo, o en vertical.
- Se contratan igualmente, tercios de páginas para anunciantes pequeños, que pueden ir, igualmente, en horizontal o vertical.
- Otro formato es el pie de página, que se sitúa en la parte inferior de la página. Por su estructura no admite muchas imágenes o información. Se usa sobre todo para titulares o destacados.
- Por último, también son comunes los añadidos a la estructura normal de la revista como son los encartes, troqueles, plegados. Estos son de alta calidad de impresión, diseño y materiales, aunque su precio es elevado.

También son comunes, las muestras, regalos o promociones de las marcas anunciantes, como otra variante de contratación.

Publicidad exterior

Es una publicidad muy polivalente, con un alto grado de accesibilidad a todos los anunciantes. Es el medio local por excelencia, dado su bajo coste en relación con su efectividad. También es cierto que es posible invertir mucho dinero en este medio, por la gran variedad de formatos que existen en el mercado, que van desde un cartel pegado en el mobiliario urbano, hasta un luminoso gigantesco colocado en lo alto de un edificio.

Sirve como apoyo o recordatorio dentro de una campaña o para el nuevo lanzamiento de un producto o servicio.

Lo más destacado de este medio está en la capacidad, a través del diseño, de captar la atención del público. Debe ser diseñado para entenderse en un solo vistazo. Es por ello que requieren de mensajes cortos, claros, impactantes y creativos.

Este medio tiene una selectividad geográfica muy alta, pero no tanto de segmentación demográfica. Lo que sí es cierto, es que se puede elegir el emplazamiento en lugares frecuentados por el público objetivo.

Como se ha dicho anteriormente, este medio presenta un sinfín de formatos y posibilidades. Dentro de los formatos más comunes se destacan:

- Publicidad en vallas fijas, en formatos como:
  - Vallas fijas con soporte papel.
  - Vallas fijas dinamizadas o letreros luminosos.
- Publicidad móvil, en formatos como:
  - Emplazamientos móviles como vehículos que se mueven por la ciudad.
  - Publicidad en transportes públicos: exterior e interior de autobuses, metros, trenes...

- Publicidad aérea, como: carteles en avionetas, zeppelín, globos...
- Carteles de pequeño formato, que se pueden encontrar desde anuncios de grandes empresas hasta anuncios de particulares.
- Mobiliario urbano: segmento dinámico, eficaz y creativo, como:
    - Mupi: paneles verticales luminosos instalados en las aceras.
    - Opi: columnas publicitarias con servicios públicos añadidos.
    - Marquesinas: paradas de autobuses iluminadas.
    - Revestimientos de edificios en obras con telas publicitarias.

Cine

A pesar de que se asemeje a la televisión por ser en formato audiovisual, el cine como medio de comunicación no se sustenta con la publicidad. En realidad, las acciones publicitarias son escasas y de baja recaudación, incluso, la inserción de la publicidad previa a la película es una cesión de cortesía.

Sí es cierto que esta publicidad tiene una alta capacidad de sugestión a la audiencia. Además, la exhibición de esta publicidad es de coste bajo en relación con los precios de la televisión, aunque la producción del *spot* es igualmente elevado.

El anuncio, al igual que en el caso de la televisión, es fugaz en emisión, pero en este caso el público está mucho más expectante. Aunque no es posible las repeticiones como en televisión, solo se ve una vez.

Por otro lado, la selección a nivel demográfico es reducida aunque sí se permite a nivel geográfico. La publicidad no solo depende de cada película sino también de cada sala.

Los distintos formatos de publicidad en cine son:

- *Spots:* películas de corta duración.
- Diapositiva: spots de foto fija.
- Promoción de las películas o tráiler.

Publicidad directa

Esta publicidad se da cuando existe un contacto directo e individualizado con el público objetivo de los mensajes y no se transmiten a través de los medios de comunicación masiva.

Es una publicidad muy efectiva si se planifica correctamente y con unos costes relativamente bajos. Pero conlleva que se conozca el público objetivo y que esté localizado.

Este medio permite la segmentación tanto geográfica como la demográfica, pero solo se puede acceder a la población objetivo si poseen los datos.

Los principales formatos de la publicidad directa son:

- Publicidad por correo:
    - **Buzoneo:** publicidad introducida en los buzones. El problema de este tipo de publicidad es que tiene mala fama. Es considerado correo basura. Si se consigue introducir en el hogar es muy efectiva. Es un medio muy barato que permite hacer grandes oleadas de información. Permite una segmentación sobre todo geográfica.
    - ***Mailing:*** se trata de envío por correo personalizados de promociones especiales o informaciones de productos. Es una publicidad muy dirigida y selectiva pero debe hacerse a partir de base de datos de clientes. Pero los resultados son altos y tiene una mejor reputación que el buzoneo. Es más caro que el buzoneo porque requiere del mantenimiento o creación de esas bases de datos previas.
- *Marketing* directo:
    - ***Mailing:*** correspondería a *marketing* directo siempre y cuando se presente con una respuesta medible por el destinatario, como cupones descuento o similar.
    - **Anuncios en prensa o revistas:** que requieran una respuesta del público a través de cupones promocionales.

- ***Marketing* telefónico:** el contacto telefónico con alguna promoción o justificación de venta. Es un sistema muy directo, que suele provocar rechazo en la población. Su coste es relativamente bajo.

Publicidad en el lugar de la venta (PLV)

Este tipo de publicidad puede ser promovido por el establecimiento o por la marca.

A pesar de ser un medio no convencional ha tenido un fuerte crecimiento debido a su efectividad en el impulso final de la compra.

Precisa unos niveles de creatividad y originalidad, para generar esa atención del cliente.

Los principales formatos de publicidad en el lugar de venta son los siguientes:

- **Exhibidor:** muebles expositor de varias formas, que contienen los productos y su publicidad.
- ***Displays:*** pequeños soportes que contienen el producto o una muestra de él. Normalmente están situados en los escaparates o en los accesos a establecimientos. Pueden ser estáticos, móviles y audiovisuales.
- **Carteles:** situadas en paredes, vitrinas o suspendidos en el techo.
- **Máquinas automáticas:** expendedoras de productos.
- **Audiciones promociones:** consistentes en grabaciones o emisiones en directo de una publicidad narrada por una persona.
- **Proyecciones audiovisuales:** videos con explicaciones de uso de un producto que se encuentra situado cerca de la proyección.
- **Cabeceras de góndola, stoppers o elementos que sobresalen de las estanterías:** buscando la llamada de atención del público. En ocasiones hay una persona de promoción mostrando el producto.

Publicidad en internet

Internet ha supuesto una revolución en la forma de hacer publicidad. Es un medio de comunicación que se transforma con rapidez, dando lugar a nuevas formas de relación con el público objetivo.

Es un medio muy interactivo y permite una relación muy directa con el consumidor. Da la posibilidad de una información muy detallada sobre el producto, soluciones a cuestiones planteadas por la audiencia y todo en tiempo real. La información ofrecida puede ser actualizada al momento, por ello, se considera el medio más ágil y dinámico de todos. Es muy accesible, tanto para el consumidor como para el anunciante.

Se acepta mejor la publicidad no intrusiva que interfiere en la navegación. Sí es cierto que es un medio que está altamente saturado de publicidad y esta no tiene un alto grado de credibilidad, pero permite la contrastación con otros lugares web que han ganado en credibilidad y fiabilidad en las redes. Por ello, en la actualidad es el medio preferido por la juventud para informarse.

Los principales formatos de publicidad en internet son:

- ***Banner* superior/inferior o *superbanner:*** situado en todas las web, este último está dominando la publicidad en la red.
- **Botón:** es una buena solución para obtener segmentación y buenas tarifas al mismo tiempo.
- **Columnas *Skyscraper:*** pieza de gran tamaño que permite colocar una gran cantidad de información en un emplazamiento muy visible y de fácil acceso para el usuario.
- **Robapáginas:** es una pieza de forma más o menos cuadrada que recibe este nombre por estar situada en medio de la página. Suelen ser anuncios de gran tamaño que interrumpen el contenido para asegurarse la visibilidad.
- ***Pop up/pop under:*** llamativo formato que rompe con la navegación y obtiene una alta atención en el público. Ventana que surge cuando se descarga la página, encima *(pop up)* o debajo *(pop under)* de la misma.
- ***Layers* animados:** es reconocido en el mercado como muy efectivo. Pequeño objeto animado que salta cuando se descarga la página y se mueve por toda ella.
- **Publireportaje:** la apariencia informativa y la gran capacidad de información permiten mucha flexibilidad y efectividad del anuncio. Suele ser una página completa que mezcla el texto con imágenes.
- ***Newsletter:*** boletines de noticias editados por una institución para la difusión de noticias y artículos sobre temas de interés para dicha institución.

- ***Intersticials:*** es un intento de recrear el *spot* televisivo en internet. Se enfrentan al problema de la lentitud en internet.

En la siguiente tabla se presenta una comparación de los usos diferenciados que mujeres y hombres realizan de los medios de comunicación más importantes. Los datos han sido extraídos del Estudio General de Medios de la Asociación para la Investigación de Medios de Comunicación (AIMC).

	Audiencia de los medios de comunicación (2024)	
Perfil	**% Mujeres**	**% Varones**
(% respecto a cada uno de los medios)		
Diarios	41,1	58,9
Suplementos	48,5	51,5
Revistas	57,5	42,5
Radio	48,8	51,2
Televisión	51,3	48,7
Cine	46,3	53,7
Internet	51,0	49,0

Actividades

21. ¿Cree apropiado los medios de comunicación PLV para la difusión de campañas o programas sociales? Justifique su respuesta.
22. ¿Qué es un *intersticials?*

9.4. Diferentes usos de canales y medios de comunicación entre hombres y mujeres

Mujeres y hombres no comunican igual. La socialización diferenciada ha construido una realidad social, mental y cultural diferente para hombres y mujeres, influyendo en los procesos de comunicación en los siguientes aspectos:

- Lenguaje verbal y gestual distinto.
- Se fija la atención y se tienen intereses en temas distintos.
- Se procesa la información de forma diferente.
- Las relaciones sociales se realizan de forma distinta.

En referencia al uso de los medios de comunicación, acceden a los medios de forma diferente, por ejemplo:

- Se usan canales y medios diferentes.
- Se usan formatos distintos (programas, secciones de prensa distintos).
- Los horarios en los que acceden es distinto.
- La frecuencia en el acceso tampoco es igual.
- Los tiempos invertidos no son iguales.

Nota

Los sentimientos y las emociones diferenciadas entre hombres y mujeres hacen que cambien los intereses y el uso diferenciado de los medios para satisfacerlos.

Hombres y mujeres hacen uso de diferentes medios y canales de comunicación, buscan diferente contenido, tienen distintos intereses y prestan atención a la información de forma distinta, ni el horario, ni la inversión del tiempo es la misma, por ello, se puede concretar que mujeres y hombres no comunican ni reciben la misma información.

A continuación, se describen datos concretos respecto al uso distinto de canales y medios:

- Referente a prensa escrita:
    - Las mujeres usan menos este medio.
    - Leen más los suplementos.
    - Suelen detenerse en las entradillas de las noticias, mientras que los hombres hacen una lectura más profunda.

- Referente al uso de internet:
    - Los hombres siguen por delante de la mujer en el uso de internet.
    - Los contenidos buscados son distintos, mujeres (salud, educación y trabajo), hombres (juegos, compras, descargas de *software,* leer prensa o información de actualidad).
    - En el uso avanzado de internet los hombres también están por delante.

- Referente a publicidad exterior:
    - Las mujeres reconocen haber recibido menos impactos publicitarios de la publicidad exterior.

- Referente a la televisión:
    - Las mujeres consumen diferentes contenidos que los hombres.
    - Las mujeres usan diferentes horarios, ven la televisión sobre todo por la mañana y a partir de las 21 h, cuando han acabado con el trabajo, el cuidado familiar y las tareas del hogar. Los hombres consumen el resto de las franjas horarias más que las mujeres.
    - Respecto al discurso y contenidos que se encuentran en los medios, se sigue encontrando transmisión de valores y estereotipos sexistas que dificultan el avance hacia una sociedad más igualitaria. Los medios de comunicación, sobre todo los *mass media,* son grandes transmisores de la cultura y pensamiento de la población. Solo la concienciación de la necesidad de erradicar estos contenidos y

prácticas sexistas, de los entes públicos, dirigentes de los medios, entidades generadoras de contenido y sociedad en general llevarán a alcanzar sociedades verdaderamente democráticas. Respecto a estos contenidos a erradicar:

- Se sigue utilizando a las mujeres como objeto sexual.
- Se siguen reproduciendo roles y estereotipos de género.
- Se encuentra una visualización muy escasa de las mujeres alejadas de los estereotipos sexistas, donde se muestren logros, papeles públicos, deseos, intereses u opiniones de las mujeres libres, independientes y autónomas.
- Se sigue haciendo un uso sexista del lenguaje y de las imágenes.
- La presencia de la mujer como emisora de mensajes, la representación de la mujer en los medios o el control de los medios y contenidos es mucho menor que el de los hombres.

Con todo esto, se puede concluir que:

- Mujeres y hombres no están representados de forma igualitaria en los medios.
- Las mujeres reciben menos impactos de los medios porque no se tiene en cuenta las características diferenciadoras en cuanto a formas de comunicar, uso de medios, lenguaje o intereses de las mujeres.
- El control de los medios sigue estando en manos masculinas.
- Las mujeres tiene una presencia inferior en cuanto a la creación y transmisión de mensajes.

A continuación, se analizarán una serie de pautas y recomendaciones para la elección de canales y medios de comunicación que serán útiles para la incorporación de la perspectiva de género en el plan de medios.

De forma general y como recomendación para todos los medios y canales, es necesario diseñar una estrategia desde la perspectiva de género que tenga en cuenta las diferencias entre hombres y mujeres en cuanto al uso desigual que hacen de los medios y canales de comunicación.

Las pautas a seguir son las siguientes:

- Es necesario establecer canales personales de comunicación, a través del fomento de la participación activa de mujeres y hombres.
- Recomendaciones en la realización de jornadas, charlas, formación, encuentros, etc., serían los siguientes:
  - Debe existir una representación equitativa de hombres y mujeres para la transmisión de los mensajes.
  - Generar información que sea de interés para mujeres y hombres (con un uso no sexista del lenguaje).
  - Visualización de las mujeres y sus aportaciones, visiones e intereses.
  - Aportación de datos desagregados por sexo.
  - Ajustar horarios, contenidos, mensajes para llegar a mujeres y hombres.
- Es necesario elegir los medios en función de la población diana, haciendo una diferenciación en cuanto a sexo para establecer sus diferencias y adaptar los medios a mujeres y hombres.
- Para el uso de la prensa se deberá tener presente que las mujeres leen más las entradillas de las noticias, que usan más los suplementos y que en general leen menos la prensa diaria que los hombres.
- La televisión, es necesario ajustarse a los horarios y contenidos más usados para mujeres.
- La radio, también es necesario realizar una investigación del público diana de forma desagregada para escoger las franjas horarias y programas radiofónicos más usados por mujeres.
- En cuanto a la publicidad exterior, es necesario usar lugares transitados por las mujeres, donde el impacto de la publicidad sea mayor.
- Valorar los canales de comunicación no formales como una alternativa muy recomendable por su estrategia enfocada siempre a la población diana y de bajo coste.

Aplicación práctica

Se pretende poner en marcha una campaña de sensibilización del cuidado del medio ambiente para los niños y niñas de los colegios de la comunidad de Armilla, aplicando la perspectiva de género en su elaboración y diseño. Cuyos objetivos son:

- **Aumentar la concienciación del uso responsable de los recursos existentes y el cuidado del medio ambiente.**
- **Fomentar la concienciación de alumnado y familiares de los centros sobre la importancia del reciclaje.**

El público diana es:

- **El alumnado de los centros públicos de educación primaria de Armilla.**
- **Los familiares del alumnado de centros públicos de educación primaria de Armilla.**

1. **Determine los y las informantes claves.**
2. **Determine las estrategias útiles para aumentar la comunicación a través de la participación.**
3. **Determine los canales y medios de información de las medidas adoptadas al público objetivo.**

SOLUCIÓN (Posible solución)

1. Existen diversas soluciones dependiendo de la perspectiva que se le den al ejercicio. En todo caso todos deben ajustarse a los parámetros que se especifican.
   Como informantes claves deben elegirse las personas que contengan información privilegiada por su participación, profesión o conocimientos sobre el tema, como:

   - Las personas integrantes del AMPA de cada centro.
   - El profesorado del centro.

2. Como estrategias útiles para aumentar la comunicación a través de la participación, la clave para resolver este punto es tener en cuenta:

   - Se debe fomentar la participación de forma igualitaria de niños y niñas, así como de madres y padres del alumnado.
   - Se puede plantear lo siguiente:

Continúa en página siguiente >>

<< Viene de página anterior

- Solicitar la participación de padres y madres en la difusión de la información sobre el reciclaje y el cuidado del medio ambiente, por ejemplo en jornadas y charlas informativas.
- Fomentar la implicación de niños y niñas mediante un concurso de dibujos relacionados con el cuidado del medio ambiente, utilizando el seleccionado para la confección de los carteles informativos de la campaña.
- Niños y niñas llevarán a casa información relacionada con la campaña para iniciarse en el reciclaje en el hogar.

3. La propuesta de canales y medios debe estar ajustada al público objetivo y tener presente los medios y canales de comunicación que usan para informarse. Además es importante tener presente que estos medios debe ser accesible a todas las personas integrantes de la comunidad. Una propuesta de todo esto sería:

- Jornadas de información a familiares y alumnado sobre el cuidado del medio ambiente.
- Carteles informativos distribuidos por las aulas y puertas de acceso al centro.
- Notas informativas a las familias sobre actividades y acciones invitando a la participación a ellas.

---

10. Generación de soportes de comunicación en distintos formatos (bibliográficos, audiovisuales, digitales, etc.)

Los soportes de comunicación son todas aquellas superficies que pueden ser usadas para aplicar los mensajes de la publicidad.

Cuando se habla de la creación de soportes, es necesario aclarar que los soportes de comunicación son, como ya se ha explicado, diversos y tiene infinidad de modalidades y características.

Los soportes de comunicación pueden contener información lingüísticas, visuales, sonora o el uso de varias a la vez. Se pueden encontrar soportes en diferentes formatos bibliográficos, sonoros, visuales, audiovisuales, digitales, etc.

Una vez que se ha estudiado al público diana, se han elaborado los mensajes y estudiado cuáles serán los medios y canales que se quieren usar para llevar la información, llega la fase de materializar esta idea creativa a través del diseño de los soportes de comunicación. El éxito de la comunicación no está solo en saber qué se quiere transmitir y a quién, sino en ser capaz de transmitirlo de una forma tal que capte la atención y consiga los objetivos del plan de comunicación. No existen fórmulas mágicas ni ciencias exactas para el éxito de una campaña. Pero es necesario tener presente que no solo comunica el mensaje explícito contenido en un soporte, sino que todos los elementos, colores, sonidos, disposición de los elementos en el plano, las imágenes, qué hacen las personas y qué representan, todo transmite información y debe estar planificada con antelación.

En la creación de los soportes de comunicación es necesario tener presente que tanto el lenguaje como el uso de imágenes, sonidos, escenas tienen un contenido y significado que será entendido e interpretado por quienes reciban la información. Por ello, es vital diferenciar dos aspectos: el aspecto denotativo y el aspecto connotativo.

El aspecto denotativo es la descripción objetiva de los elementos existentes y el aspecto connotativo hace referencia a la parte subjetiva, interpretativa que se haga de los elementos. Esta interpretación dependerá de las personas, de su cultura, experiencia, del contexto, etc. De este modo, no se hará la misma interpretación ahora de una publicidad que si se emitiera hace 10 años. Los valores, la percepción, las necesidades, deseos y valores han cambiado. Por ello, es necesario actualizar la publicidad adaptarla a las nuevas perspectivas y necesidades de la población. En publicidad nada es eterno y todo debe adaptarse, renovarse y reinventarse para seguir captando la atención del público diana.

Se hará un recorrido por los diferentes elementos a tener en cuenta a la hora de diseñar los soportes de comunicación desde la perspectiva de género.

Referente a los elementos lingüísticos, que ya se vieron en el apartado 7, es fundamental el uso de un lenguaje incluyente y no androcentrista para la creación de los soportes, por ello se centrará la atención en otros elementos no lingüísticos.

10.1. Elementos no lingüísticos: la imagen

Hasta ahora solo se ha hablado del sexismo en la comunicación a través de los códigos lingüísticos orales o escritos. Sin embargo, el lenguaje es una acción mucho más compleja que integra diferentes elementos y formas de expresión que dan sentido a los discursos y contenidos de la información.

Uno de los pilares del lenguaje no lingüístico es la imagen. Las imágenes juegan un papel fundamental en la comunicación y es necesario tenerlas en consideración para no incurrir en un lenguaje sexista a través de ellas.

Es fácil encontrar imágenes que presenten a mujeres y hombres ejerciendo roles tradicionales y esteriotipados. También es común, que la mujer, simplemente esté excluida de ciertas representaciones o escenas en las que no se considere aún el papel de la mujer. Se las excluye como representativas de profesiones técnicas o tradicionalmente masculinas, entornos de decisión o poder y en general, escenas de la vida pública, económica o política. Y por el contrario, el hombre no se encuentra representado en escenas de la vida privada, tareas del hogar, cuidado de menores, mayores o personas enfermas, en resumen en papeles tradicionalmente femeninos.

Por otro lado, es importante resaltar el papel de las mujeres en publicidad como objeto sexual, estereotipo de belleza u objeto de deseo por los hombres. Generalmente el producto suele estar ligado al cuerpo de la mujer como reclamo para satisfacer el deseo del hombre. Recrean imágenes que se alejan de la realidad de la mujer, crean estereotipos de bellezas inalcanzables que causan insatisfacciones y complejos. Estas imágenes sexistas muestran a mujeres representadas como objetos para satisfacer al hombre y no como personas, promovidas con el único fin de conseguir el objetivo de venta. A pesar de que el papel de la mujer ha cambiado en los últimos años y que muchas marcas han entendido la nueva realidad, son muchas las empresas que siguen usando estas imágenes y escenas como reclamo publicitario.

Por ello, se debe aplicar la perspectiva de género en la construcción, selección o creación de imágenes y representaciones visuales en las comunicaciones con la comunidad.

A continuación, se establecen un listado de recomendaciones para aplicar en la selección, creación o construcción de imágenes:

- Se debe presentar a las mujeres y hombres realizando actividades despojados de estereotipos y de una forma equiparada en número, estatus y participación.
- Se debe presentar a hombres en labores del hogar, cuidado de mayores, menores y personas enfermas.
- Se debe presentar al hombre realizando actividades del hogar, utilizando productos y herramientas para desarrollar dicha actividad, alejado del papel torpe o inexperto en estas funciones que normalmente se les asigna.
- Alejar a la mujer de los papeles domésticos de limpieza y cuidados de la familia, etc., como único papel en la sociedad.
- Presentar a la mujer en entornos públicos de la vida política, social y económica.
- Mostrar a mujeres que tienen deseos y toman decisiones por sí solas.
- Deben representarse a mujeres y hombres de forma equitativa en espacios profesionales de valor social y nivel económicos altos.
- Eliminar la representación de la mujer como objeto del hombre.
- Dar a conocer la diversidad de la mujer y sus diferentes roles en la sociedad.

Importante

Las imágenes son más fáciles de retener que las palabras, convirtiéndose así en el elemento más significativo de los soportes de comunicación.

Actividades

23. ¿Qué son los soportes de la comunicación?
24. Describa cómo desasociar los estereotipos asociados a las profesiones a través de las imágenes.
25. El aspecto connotativo, ¿hace alusión a la parte subjetiva u objetiva del significado?

10.2. Representación de las escenas: imagen y sonido

Es importante considerar las representaciones y escenas que proyectan las imágenes que se usan en la creación de los distintos formatos. En muchas ocasiones, estas imágenes son lo único que llegará o será el primer impacto, con la comunidad con la que se desea tener comunicación. Pueden no interpretar los objetivos o no encontrarse representadas o representados y descartar leer el resto de la información. Es necesario considerarlos de una forma diferenciada de la imagen, porque las escenas contienen más elementos que los exclusivos visuales, se habla aquí, del movimiento, de los sonidos, luces, etc. Es necesario tener en cuenta los siguientes aspectos en la construcción de las escenas:

- **Representación por igual:** tener presente si aparecen mujeres y hombres representados por igual.
- **Variables socioeconómicas:** es necesario tener presente las variables socioeconómicas que representan, status, edad, nivel cultural, económico, etc., y comprobar que no domina un género sobre otro.
- **Aspecto físico:** dejando de asociar a la mujer con la seducción, belleza y el cuerpo como objeto de publicidad. Representando a hombres y mujeres alejados de estereotipos y canon de belleza.
- **Actitud de los personajes:** se debe evitar la reproducción de todo tipo de actitudes violentas, represivas y de sumisión basadas en estereotipos sexistas. Incluso para las campañas de prevención de violencia de género existen guías orientativas para hacer un buen uso de las imágenes.
- **Deseos, necesidades o expectativas:** cuando se representan escenas de forma implícita llevan asociadas una representación de sentimientos, expectativas, necesidades o deseos. Es necesario poner especial atención

a estos mensajes subliminales y evitar las asociaciones estereotipadas. Por ejemplo, el nacimiento de un bebé evoca sentimientos de amor, ternura, preocupación por sus cuidados, etc. Todos estos sentimientos se relacionan con la mujer, como si el hombre no fuera capaz de sentirlos por igual.

- **Espacios:** donde se desarrolla la acción es igualmente transmisora de información. Es necesario valorar aquí los espacios públicos o privados por quién están ocupados.
- **Interacción de los personajes:** tener en cuenta la interacción de todos los personajes entre sí y con el entorno para valorar los roles que representan, qué patrones de comportamiento, qué cultura o tradiciones representan.
- **Música:** es otro de los elementos determinantes que se convierte en la mejor arma para transmitir mensajes que no serían posible de otra manera. Representan sentimientos, inspiran o evocan estados de ánimo, alegría, tristeza, fuerza, desilusión, etc. Se convierten en aliados perfectos siempre que no ridiculicen o atente contra la integridad de las personas o tengan contenidos sexistas.
- **Voces de personajes y voces en *off*:** no se debe hacer uso de la imitación de tonos afeminados para ridiculizar a mujeres u homosexuales. Es necesario usar la voz de la mujer también en la transmisión de información relevante y como representación de profesionales técnicas, científicas. Es decir, usar también la voz de la mujer para la transmisión de informaciones claves para los mensajes.
- **Luces y colores:** en publicidad el uso de los colores es fundamental y está cargado de expresividad e información que se relaciona directamente con aspectos emocionales e identificativos del género. El rosa para chicas, el azul para chicos es reconocido mundialmente. Además los colores intensos, con fuerza, oscuros representan mejor a los hombres y los pasteles o luminosos representan a las mujeres. Estas asociaciones pueden distorsionar o realizar asociaciones subliminales de los mensajes. Es importante tenerlos en cuenta a la hora de elegirlos para la creación de los soportes de comunicación.

Sabía que...

Según el Instituto de las Mujeres, las voces en *off* realizadas por los hombres supera a las realizadas por las mujeres.

Aplicación práctica

Siguiendo con la aplicación práctica anterior, elabore un cartel informativo para una campaña de sensibilización del cuidado del medio ambiente para los niños y niñas de los colegios de la comunidad de Armilla, aplicando la perspectiva de género en su elaboración y diseño. Recordando que los objetivos son:

- **Aumentar la concienciación del uso responsable de los recursos existentes y el cuidado del medio ambiente.**
- **Fomentar la concienciación de alumnado y familiares de los centros sobre la importancia del reciclaje.**

Y el público diana es:

- **El alumnado de los centros públicos de educación primaria de Armilla.**
- **Los familiares del alumnado de centros públicos de educación primaria de Armilla.**

SOLUCIÓN (Posible solución)

Se podría tener en cuenta lo siguiente:

- El cartel debe redactarse con un lenguaje incluyente, no sexista, evitando el androcentrismo en la información y los mensajes.
- Debe incluir imágenes no sexistas, que potencien la participación de hombres y mujeres por igual en los procesos.
- Debe tener presente las diferentes formas de comunicación de mujeres y hombres, alcanzando el acceso por igual a la información.

Una posible solución sería la siguiente:

Continúa en página siguiente >>

<< Viene de página anterior

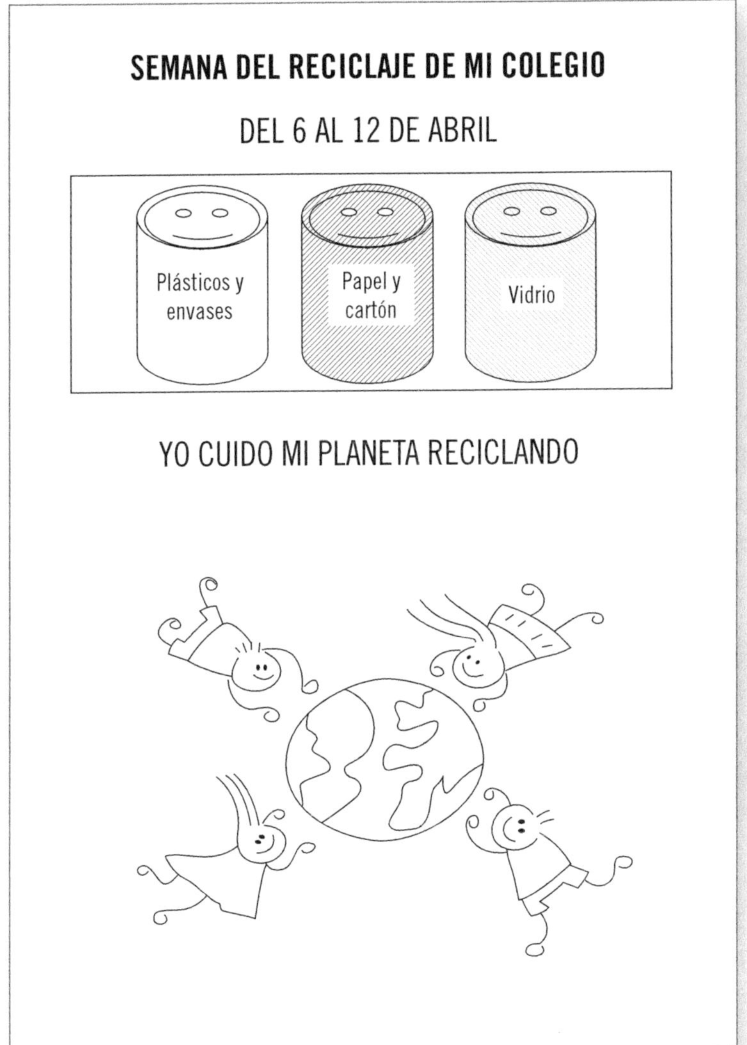

11. Identificación del entorno tecnológico como nuevo escenario desde donde intervenir

A partir de los años sesenta comienza los descubrimientos y avances tecnológicos que provocan enormes transformaciones en la vida de las personas. Estos avances en las Tecnologías de la Información y la Comunicación (TIC) han llevado a lo que se conoce hoy como la Sociedad de la Información. Esta nueva sociedad ha creado nuevas dimensiones de la vida social y económica en torno a las redes de información. Este avance y construcción de una nueva estructura ha conseguido liberar el poder de la información y ha llevado a las personas a nuevas e infinitas oportunidades. Se presenta así, como una herramienta de poder, el poder de la información, que dará acceso a nuevas posibilidades de crecimiento y consecución de sus objetivos. El ordenador, las redes sociales y el móvil se ponen al servicio de las personas facilitándoles la vida, aumentando su capacidad de relación, acceso ilimitado a la información y comunicación directa con personas que pueden estar al otro lado del mundo. Se está viviendo una revolución digital.

Pero la transmisión de información puede vulnerar los derechos de las personas, en tanto y en cuanto, estas compartan su propia información con los demás, quedando vulnerables y fáciles de manipular, produciéndose así un atentado contra su intimidad, integridad o coartando otros derechos como la libertad de expresión, de religión, etc.

Todos estos cambios han potenciado una nueva participación de las personas en la sociedad, que como se ha comentado potencia el acceso, la utilización de la información y el crecimiento a través del uso de las nuevas tecnologías. Este nuevo escenario coloca a hombres y mujeres en posiciones sociales dependiendo de poder y perspectivas futuras de desarrollo en función del acceso que tenga a estos nuevos recursos. Por ello, este avance y desarrollo se convierte en posible para unos y en barreras para otros.

En los estados democráticos como el caso de España, donde se reconoce el derecho de toda la ciudadanía el principio de igualdad y no discriminación, estas oportunidades y avances se presentan como discriminatorios para parte de la población que no tiene los medios o el conocimiento para acceder a ellos.

11.1. Principio de igualdad y las nuevas tecnologías

Se pueden reconocer los distintos usos que hacen hombres y mujeres de las TIC y que existen diferencias en cuanto al acceso a la tecnología, por lo que se dice que existe una brecha digital de género.

El derecho a la igualdad de trato y el derecho a la no discriminación están reconocidos en la Constitución Española: es la llamada igualdad formal. Para hacer efectiva esta igualdad, desde los poderes públicos se toman medidas para garantizar que no existen desigualdades en el ejercicio de estos derechos. El principal instrumento es la aplicación de la Ley Orgánica 3/2007, de 22 de marzo, para la Igualdad Efectiva de Mujeres y Hombres, que en su artículo 28 Sociedad de la Información establece lo siguiente:

1. *Todos los programas públicos de desarrollo de la Sociedad de la Información incorporarán la efectiva consideración del principio de igualdad de oportunidades entre mujeres y hombres en su diseño y ejecución.*
2. *El Gobierno promoverá la plena incorporación de las mujeres en la Sociedad de la información mediante el desarrollo de programas específicos, en especial, en materia de acceso y formación en tecnología de la información y de las comunicaciones, contemplando las de colectivos de riesgo de exclusión y del ámbito rural.*
3. *El Gobierno promoverá los contenidos creados por mujeres en el ámbito de la Sociedad de la información.*
4. *En los proyectos del ámbito de las tecnologías de la información y la comunicación sufragados total o parcialmente con dinero público, se garantizará que su lenguaje y contenidos sean no sexistas.*

Desde la normativa se pretende incorporar la perspectiva de género a los programas públicos, promover la participación femenina mediante programas específicos, promover los contenidos creados por mujeres y descartar el uso sexista del lenguaje y de las imágenes en dichos proyectos.

Esta norma se ve reforzada con la Ley 15/2022, de 12 de julio, respecto al derecho a la igualdad de trato y a la no discriminación en el acceso y uso de las TIC.

11.2. La mujer y las nuevas tecnologías

Como se viene explicando, los avances en las nuevas tecnologías de la información y la comunicación (TIC) están transformando la sociedad, la vida cotidiana de las personas, el empleo y el acceso a este, el acceso a los conocimientos y la información, la forma de relacionarse o de interactuar con personas o entidades. En definitiva todo el escenario conocido se transforma, brindando la ocasión de nuevas oportunidades y formas de participación y relación, en un mundo digital, aun con muchas posibilidades por descubrir.

En este escenario es normal que aquellos individuos que no posean los conocimientos o no tengan recursos para acceder a este nuevo mundo digital queden excluidos de la nueva estructura social, produciendo lo que ha venido a llamarse la **brecha digital.**

De la misma forma que a lo largo de la historia se han producido desigualdades sociales provocadas por la desigual distribución de los medios de producción y el poder, limitación que ha recaído tradicionalmente sobre las mujeres, en el acceso a los nuevos escenarios de poder se presentan de nuevo como una barrera para las mujeres, hablándose entonces de **brecha digital de género.**

Si se quisiera realizar una aproximación a los usos que hacen hombres y mujeres de las TIC, se pueden consultar los resultados que ofrece la Encuesta sobre Equipamiento y Uso de Tecnologías de la Información y Comunicación en los hogares, ofrecida por el Instituto Nacional de Estadística (INE). En los últimos años, esta encuesta ha revelado que el distanciamiento entre mujeres y hombres en la utilización del teléfono móvil y de internet se ha estrechado e incluso ha desaparecido, al igual que las compras por internet donde la mujer supera levemente al hombre. Esto pone de manifiesto que con el paso del tiempo la brecha digital entre mujeres y hombres ha desaparecido.

Atendiendo a los datos de la Estadística de Estudiantes Universitarios del ministerio, se puede observar que en la rama de Informática la proporción de mujeres está lejos de ser igualitaria.

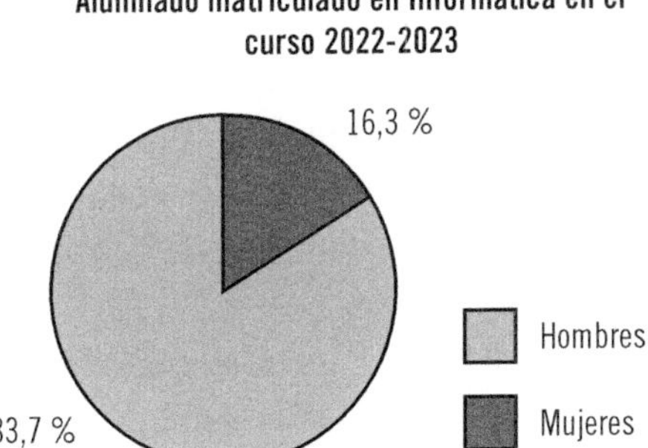

En el ámbito universitario, las mujeres representan el 56,8 % del alumnado. Sin embargo, en la rama de Informática solo representan el 16,3 %.

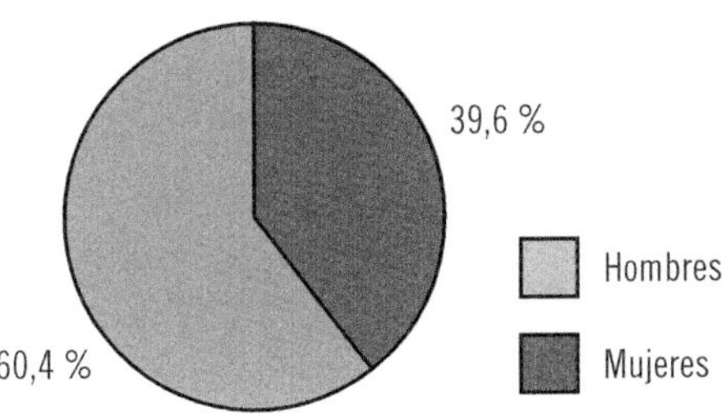

Ante estos datos se puede suponer que existe una relación entre la infrarrepresentación de las mujeres en la rama de Informática y una menor presencia femenina en las actividades de investigación tecnológica, ocupadas por los varones.

Nuevamente esta situación se mantiene, basándose principalmente, en razones sociales, culturales y educativas que siguen situando a la mujer en un plano privado, adjudicándole papeles reproductivos y de crianza. También basado y como se ha visto, en la desigual adjudicación de profesiones a través de la cultura y los estereotipos de género, que aparta a las mujeres de las profesiones técnicas y científicas, entre otras.

Y por último, como ya se apuntaba anteriormente, la proliferación de la comunicación a través de las TIC, ha puesto a mujeres y hombres en la vulnerabilidad respecto a su privacidad, protección de identidad y acceso a datos personales. Este hecho y concretamente en el caso de las mujeres, ha supuesto un nuevo riesgo ante las agresiones y violencia de género.

Por todo ello, los Poderes Públicos en su compromiso con el Principio de Igualdad efectiva entre hombres y mujeres establece una serie de medidas que se materializa en el último plan emitido por el Instituto de las Mujeres, Plan de Acción para la Igualdad de Oportunidades de Mujeres y Hombres en la Sociedad de la Información (2014-2017), ya en su segunda emisión, donde se establece:

- El compromiso del Gobierno con la igualdad efectiva.
- La importancia de las nuevas tecnologías de la información y comunicación para el desarrollo social y económico.
- Destaca la importancia del principio de oportunidad de mujeres y hombres.
- Asume el compromiso de ayudar a través de medidas concretas en la consecución del principio de igualdad de oportunidades de mujeres y hombres.

Como objetivos concretos plantea:

- Aumentar la participación de las mujeres en las TIC.
- Aumentar las capacidades en TIC de profesionales y empresarias.
- Aumentar la presencia de contenidos digitales de interés para las mujeres.
- Aumentar el uso público de recursos digitales a mujeres.
- Aumentar la confianza y seguridad de las mujeres en las TIC.

Actividades

26. ¿Qué es la brecha digital de género?
27. ¿En qué consiste la igualdad de oportunidades?

12. Resumen

En los entornos de intervención con la comunidad es necesario definir las necesidades sentidas y estratégicas de información elaborando un plan de comunicaciones adaptado al público diana. Por ello, se deberá en primer lugar, realizar un estudio y análisis de la población diana, detectando las necesidades reales que tienen de información, sus características, valores, pensamientos, creencias, estudiando su entorno, su situación socioeconómica, etc. Para ello, se usará la segmentación de la población desagregando los datos por sexo, para realizar el análisis a través de la perspectiva de género. De esta forma, se podrá conocer a hombres y mujeres, las necesidades prácticas y los intereses estratégicos, adaptando a ambos los objetivos y mensajes del plan.

Tanto para la formulación de objetivos y construcción del mensaje de comunicación es necesario usar un lenguaje incluyente, no sexista que rompa con los estereotipos de género y visualice a la mujer en su diversidad, a través de su participación activa en los procesos.

Y de igual forma, es necesario aplicar la perspectiva de género en la elección de los canales de comunicación y generación de soportes. En este sentido, hombres y mujeres no comunican igual, no se hace el mismo uso de los medios de comunicación, por ello, es necesario diversificar los medios adaptándolos a los usos de cada segmento.

Por último, el avance de la Tecnología de la Información y Comunicación (TIC) ha provocado la creación de un nuevo sistema de poder que excluye a todas las personas que no tengan acceso o este sea limitado, tanto por su desconocimiento, como por falta de recursos económicos, produciendo una discriminación o exclusión social. Las mujeres son las perjudicadas por la brecha digital. Para luchar contra esta situación, se debe convertir a la mujer en sujeto de derecho de estos entornos, promoviendo acciones encaminadas al empoderamiento de la mujer y la conquista de todos los entornos, incluido el tecnológico.

Ejercicios de repaso y autoevaluación

1. Señale si las siguientes afirmaciones son verdaderas o falsas.

a. El *mainstreaming* de género se definió por primera vez en IV Conferencia sobre la Mujer celebrada en 1995.

- ☐ Verdadero
- ☐ Falso

b. La observación participativa consiste en la observación de varias personas pertenecientes a la población diana.

- ☐ Verdadero
- ☐ Falso

c. Los informantes claves pueden ser personas ajenas a la comunidad pero que por su ocupación, conocimiento o relación con la comunidad pueden aportar información privilegiada.

- ☐ Verdadero
- ☐ Falso

2. Relacione correctamente los siguientes conceptos con su definición.

a. Necesidades prácticas
b. Necesidades básicas
c. Intereses estratégicos

__ Hace referencia a las necesidades fisiológicas, alimento, agua, respirar, etc.
__ Hace referencia a las necesidades derivadas de roles tradicionales.
__ Hace referencia a los focos de atención donde focalizar las acciones de *mainstreaming.*

3. Los soportes de publicidad ATL hacen referencia a...

a. ... aquellos que utilizan los medios masivos de publicidad.
b. ... aquellos que no utilizan los medios masivos de publicidad.

c. ... aquellos que utilizan canales de comunicación personal.
d. ... aquellos que utilizan instrumentos informales de publicidad.

4. Busque en la siguiente sopa de letras cinco formatos de los distintos medios de comunicación.

P	E	S	C	I	L	A	S
A	R	V	U	J	F	P	E
G	F	A	Ñ	A	R	M	I
I	G	L	A	R	E	U	L
N	J	L	O	P	E	P	S
A	I	A	T	O	P	I	B
S	P	O	R	T	S	O	U

5. ¿Qué son los grupos de discusión?

____
____
____
____

6. Complete la siguiente oración.

La descripción objetiva de los elementos en las escenas se refiere al aspecto ________________ y el aspecto ______________ hace referencia a la parte subjetiva o interpretativa que se haga de los elementos.

7. ¿Qué es el lenguaje androcentrista?

____

____

____

____

8. El órgano más relevante y que representa la fuente de información más destacada de nuestro panorama nacional es...

a. ... el Instituto de las Mujeres.
b. ... el Instituto Nacional de Estadística.
c. ... EUROSTAT.
d. ... el Instituto Europeo para la Igualdad de Género.

9. Indique cuál de las siguientes recomendaciones no fomenta la perspectiva de género en la creación de los mensajes:

a. Utilización de un lenguaje incluyente y no sexista.
b. Uso de un lenguaje androcentrista.
c. Adaptados a los diferentes públicos diana.
d. Visualizan a las mujeres en su diversidad.

10. ¿Qué se entiende por segmentación del público diana?

____

____

____

____

Capítulo 3

Establecimiento de estrategias de comunicación y coordinación con el entorno de intervención y de atención a las personas usuarias

Contenido

1. Introducción
2. Establecimiento de sistemas de registro de la información
3. Criterios para difundir información
4. Manejo de estrategias de comunicación externa, para facilitar el contacto fluido y constante hacia y desde los diferentes agentes del entorno de intervención: grupos y asociaciones de mujeres, personal técnico, agentes sociales, administraciones públicas y ciudadanía en general
5. Establecimiento de procesos que faciliten la retroalimentación de la comunicación en el entorno de intervención
6. Elaboración de guías y mapas de recursos
7. Estrategias para la clasificación de la información y elaboración de protocolos de atención
8. Establecimiento y actualización periódica de canales para la atención y derivación a la población
9. Resumen

1. Introducción

La comunicación para la intervención tiene dos vertientes, que se explicarán a lo largo de este capítulo. Por un lado se encuentra la comunicación con el entorno de intervención y por otro, la correcta atención y comunicación con la persona usuaria de la intervención.

El entorno de intervención está formado por todos los actores, que de un modo u otro, tienen la capacidad de influir en la intervención con las personas usuarias. Las entidades que trabajan en los entornos sociales de intervención no pueden ser entes aislados de trabajo. Es necesario conocer los mecanismos, recursos, normativa, perspectivas, etc., que constituyen y determinan las estrategias de trabajo, para establecer una metodología aplicada a la realidad estructural. Del mismo modo, los diferentes actores, grupos de interés o personas claves, se convierten a la vez, que en una determinación de la metodología de la intervención, en elementos claves de la aportación de información y herramientas útiles para la intervención. Por todo ello, es necesario mantener vías y canales de comunicación estables con el entorno de intervención que doten al trabajo de una estructura acorde con la realidad social.

Haciendo referencia a la atención a las personas usuarias de servicio, la comunicación cobra una especial relevancia determinando la efectividad de la intervención. La aportación de la información útil como herramienta imprescindible para atender las demandas y la comunicación como elementos potenciadores de la participación y de la retroalimentación son mecanismos imprescindibles en los entornos de intervención con personas usuarias.

2. Establecimiento de sistemas de registro de la información

Para poder actuar o intervenir sobre las desigualdades de género es necesario primero tener información útil que ponga de manifiesto estas desigualdades. Si estas no se visualizan difícilmente se podrá intervenir para erradicarlas.

Profesionales de lo social no siempre consideran necesario o no le dan la suficiente importancia a recabar y registrar información útil sobre las desigualdades de mujeres y hombres, así como a aplicar la transversalidad del género, a través de la desagregación de las variables por sexo. Y mucha menos incidencia tiene la implementación de registros cruzando variables desagregadas, imprescindibles para un diagnóstico e intervención adecuada.

Sin embargo, la aplicación de la transversalidad en el registro de información se convierte en una pieza clave e imprescindible para conocer la realidad de mujeres y hombres, así como la relación que se establecen entre ellos.

Como se ha visto, mujeres y hombres tienen necesidades diferentes, se comunican de forma distinta y seguir aplicando soluciones androcentristas, haciéndolas genéricas a toda la sociedad, será seguir contribuyendo a la potenciación de desigualdades sociales.

2.1. Información útil para la intervención con perspectiva de género

El planteamiento de un registro de información que muestre la realidad de la situación de mujeres y hombres, dará como resultado una intervención más ajustada a las necesidades y demandas de la población que no es homogénea ni responde a criterios únicos o extensibles a todas las personas.

La realidad se estructura compleja, formada por diferentes grupos sociales que a su vez, están construidas por hombres y mujeres. Este entramado no puede generalizarse, aplicando patrones de recursos genéricos, sino que deben responder a demandas concretas que cumplan expectativas de mujeres y hombres.

Las líneas generales de acción respecto al registro de información concretadas en la normativa serían las siguientes:

- Es necesario incluir la variable sexo en el registro de toda la información.
- Establecer indicadores de género de forma sistemática que guíen los registros, creando nuevos indicadores para los casos de nuevas variables.
- Debe ser firme el compromiso del uso no sexista del lenguaje en todos los documentos de registro de información y comunicación con la población.

La aplicación de la perspectiva de género en las formas de registro de la información se recoge incluso en la Ley Orgánica 3/2007, de 22 de marzo, para la Igualdad Efectiva de Mujeres y Hombres, donde en su artículo 20 se anota lo siguiente:

> *Al objeto de hacer efectivas las disposiciones contenidas en esta Ley y que se garantice la integración de modo efectivo de la perspectiva de género en su actividad ordinaria, los poderes públicos, en la elaboración de sus estudios y estadísticas, deberán:*
>
> *a. Incluir sistemáticamente la variable sexo en las estadísticas, encuestas y recogida de datos que lleven a cabo.*
> *b. Establecer e incluir en las operaciones estadísticas nuevos indicadores que posibiliten un mejor conocimiento de las diferencias en los valores, roles, situaciones, condiciones, aspiraciones y necesidades de mujeres y hombres, su manifestación e interacción en la realidad que se vaya a analizar.*
> *c. Diseñar e introducir los indicadores y mecanismos necesarios que permitan el conocimiento de la incidencia de otras variables cuya concurrencia resulta generadora de situaciones de discriminación múltiple en los diferentes ámbitos de intervención.*
> *d. Realizar muestras lo suficientemente amplias como para que las diversas variables incluidas puedan ser explotadas y analizadas en función de la variable de sexo.*
> *e. Explotar los datos de que disponen de modo que se puedan conocer las diferentes situaciones, condiciones, aspiraciones y necesidades de mujeres y hombres en los diferentes ámbitos de intervención.*
> *f. Revisar y, en su caso, adecuar las definiciones estadísticas existentes con objeto de contribuir al reconocimiento y valoración del trabajo de las mujeres y evitar la estereotipación negativa de determinados colectivos de mujeres.*

La intervención, entonces, deberá estar sustentada en **información útil** capaz de poner de manifiesto la posición que mujeres y hombres ocupan en las distintas relaciones sociales. Será útil en la medida en que aporte información reveladora sobre la realidad de las personas. Esta información será fundamental para la aplicación de recursos adecuados, ajustado a necesidades, expectativas o demandas reales y sentidas. Y de esta forma, el trabajo de intervención con la población pueda atender al siguiente **principio de calidad en la atención:**

EFECTIVIDAD = EFICACIA + EFICIENCIA

Se entiende por **eficacia** el logro de los objetivos propuestos y **eficiencia,** hace referencia a la optimación de los recursos.

Por ello, cuando se habla del concepto de **efectividad** se está haciendo referencia a la consecución de resultados propuestos de la forma más satisfactoria posible y con la máxima optimación de los recursos. La aplicación de esta fórmula llevará a la obtención del principio de **calidad de la atención en la intervención** de la población.

La información útil será entonces, aquella que aporta datos, orientaciones o pistas que sean reveladoras para un adecuado conocimiento de la realidad. Esta información, por ejemplo, aportará datos relevantes para tomar decisiones cuando se presenten dicotomías en las acciones, guiando el trabajo hacia intervenciones efectivas, optimizando los recursos y garantizando el logro de los objetivos.

Recuerde

Para que la información sea útil es imprescindible desagregar todas las variables por sexo.

2.2. Pautas para el registro de información útil

El registro de información desde la perspectiva de género debe diferenciar claramente los conceptos sexo y género. No pueden ser usados como sinónimos y deben estar acotados con claridad, ya que atienden a aspectos diferentes de las variables. Con respecto al sexo, atiende a la dicotomía hombre/mujer y hace referencia a aspectos cuantitativos (¿cuántas mujeres y hombres...?) y el género, aporta explicaciones e interpretaciones de las variable, se refiere a los "¿por qué...?" de ciertos comportamientos, pensamientos, aptitudes, realidades sociales, etc. Aportan una explicación con matices sobre cómo el género puede, en ocasiones, explicar las variables.

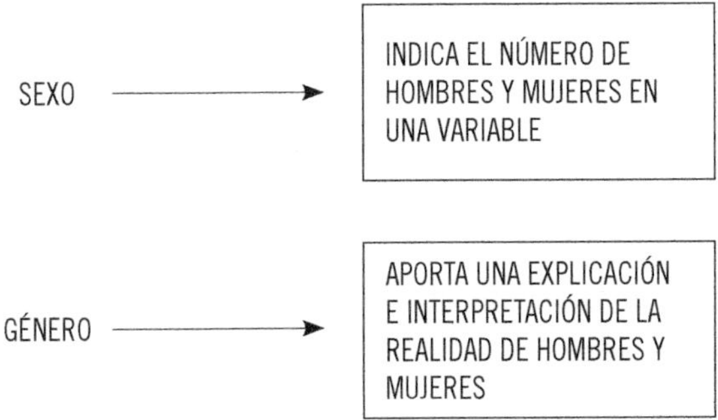

A la hora de realizar el registro de la información es necesario recoger tanto variables desagregadas por sexo, para entender el impacto que estas tienen en hombres y en mujeres, siempre que lo permita la variable. Así como la necesidad de un análisis desde el género, que aporte información sobre la desigual situación que se establece entre ambos.

Por ejemplo, en la siguiente tabla se ha recogido información de la variable "nivel de formación" y se han introducido los datos desagregados por sexo.

Población, de 16 años y más, según nivel de estudios terminado, por sexo, España

Nivel de estudios	Mujeres	Hombres
Analfabetismo	67,61 %	32,39 %
Estudios primarios incompletos	57,80 %	62,2 %
Educación primaria	54,50 %	55,5 %
Primera etapa de educación secundaria y similar	47,31 %	52,69 %
Segunda etapa de educación secundaria, con orientación general	50,31 %	49,69 %
Segunda etapa de educación secundaria con orientación profesional	50,53 %	49,47 %
Educación superior	52,35 %	47,65 %

Esta tabla es una muestra de cómo presentar la información separando los datos por sexo. Es la forma de poder establecer una comparativa y aplicar indicadores de género.

Al comparar los resultados se puede apreciar de un vistazo que, aunque la presencia de hombres y mujeres es parecida en todos los niveles educativos, en el caso de personas analfabetas hay una proporción muy llamativa, que dice que la mayoría de las personas analfabetas son mujeres.

Si se toma la información sobre los niveles educativos y se cruzan con los datos sobre tasa de paro, se pueden obtener conclusiones más complejas.

Tasa de paro según nivel de estudios terminado, por sexo, España

Nivel de estudios	Mujeres	Hombres
Analfabetismo	53,70 %	35,10 %
Estudios primarios incompletos	36,00 %	34,60 %
Educación primaria	32,50 %	28,40 %
Primera etapa de educación secundaria y similar	27,50 %	20,70 %
Segunda etapa de educación secundaria, con orientación general	19,10 %	14,00 %
Segunda etapa de educación secundaria con orientación profesional (*)	20,80 %	15,10 %
Educación superior	11,50 %	8,30 %

Analizando los datos se puede observar que la tasa de paro femenino es mayor en todos los niveles educativos, incluso en los niveles superiores.

Teniendo en cuenta que en los distintos niveles educativos la presencia de mujeres y hombres está muy igualada (excepto en el de personas analfabetas) se puede concluir que las desigualdades de género en el mercado laboral no están provocadas por el nivel formativo.

Este ejemplo, muestra las ventajas de registrar la información no solo segregada, sino relacionadas con diferentes variables igualmente segregadas, aportando nuevos datos más representativos de la realidad de población. Por todo ello, se puede concluir que la **información útil** sería toda aquella información que aporta datos sobre desigualdades, diferencias o similitudes entre hombres y mujeres, mostrando la realidad de la situación de ambos.

Nota

Para el estudio de necesidades es imprescindible la segregación por sexo, ya que hombres y mujeres no tienen las mismas necesidades.

2.3. El registro de información útil en el entorno de intervención

Este apartado se centrará en la producción de información útil en el ámbito de la intervención social. Para la atención de las personas usuarias de servicios y recursos es necesario recabar información útil de la realidad de estas personas y sus necesidades concretas. Para ello, el/la profesional se vale de determinadas herramientas de registro de información, como son:

- **Historia social:** en este documento la/el profesional recoge todos los datos de la persona usuaria, datos personales, familiares, económicos, sociales, la historia del caso, hechos relevantes, etc. Este documento es la herramienta más importante de registro de información en la intervención social.
- **Ficha social:** este documento es una herramienta de trabajo, en el que se plasma, de una forma sistematizada la información recogida en la historia social. Se entendería como una extracción y sistematización de los datos contenidos en la historia.
- **Informe social:** es la valoración o juicio profesional del caso. Contempla un diagnóstico del caso, el objeto y objetivo de intervención y valoraciones del profesional.

Estos documentos son considerados fundamentales para la intervención social. Ahora bien, es necesario aplicar en ellos y en su registro y sistematización los procesos planteados para el registro de información útil. En estos documentos debe estar explícita la indagación sobre los proceso de género. Estos datos e información cualitativa y cuantitativa deben registrarse, de forma sistemática, el estudio del género, integrado en la batería de cuestiones o indagaciones sociales.

Como recomendaciones básicas para el registro de información útil para el género en los entornos de intervención social, se podría recoger las siguientes:

- Contemplar siempre en los registros la desagregación de las variables por sexo.
- Registrar información suficiente que aporte datos cualitativos y cuantitativos en referencia a la situación de mujeres y hombres.
- Recoger datos que aporten comprensión a situaciones, cambios, actitudes y creencias o procesos de mujeres y hombres.
- En la creación de formularios, informes, registros o solicitudes debe llevar implícito la perspectiva de género.
- La información debe recogerse para que pueda sistematizarse de forma tal, que pueda ser usada para medir, valorar y diagnosticar situaciones de desigualdad entre mujeres y hombres.

Importante

La historia social, la ficha social y el informe social deben estar redactados con un lenguaje no sexista y contemplar la perspectiva de género en sus contenidos.

2.4. Ley Orgánica de Protección de Datos Personales y garantía de los derechos digitales (LOPDGDD)

Para el registro de datos personales en la intervención con usuarias/os y posterior tratamiento y almacenamiento en cualquier formato es necesario tener presente la obligatoriedad por parte de las/los profesionales al cumplimiento de la Ley Orgánica 3/2018, de 5 de diciembre, de Protección de Datos Personales y garantía de los derechos digitales. Esta normativa ha sido desarrollada como medio de actualización de las exigencias de la normativa europea a la legislación española.

La normativa europea de referencia es el Reglamento (UE) 2016/679 del Parlamento Europeo y del Consejo, de 27 de abril de 2016, relativo a la protección de las personas físicas en lo que respecta al tratamiento de datos personales y a la libre circulación de estos datos y por el que se deroga la Directiva 95/46/CE (Reglamento general de protección de datos).

Atendiendo al Reglamento (UE) 2016/679 se desarrollan las siguientes definiciones:

- **Datos personales:** toda información sobre una persona física identificada o identificable ("el interesado"); se considerará persona física identificable toda persona cuya identidad pueda determinarse, directa o indirectamente, en particular mediante un identificador, como por ejemplo un nombre, un número de identificación, datos de localización, un identificador en línea o uno o varios elementos propios de la identidad física, fisiológica, genética, psíquica, económica, cultural o social de dicha persona.
- **Tratamiento:** cualquier operación o conjunto de operaciones realizadas sobre datos personales o conjuntos de datos personales, ya sea por procedimientos automatizados o no, como la recogida, registro, organización, estructuración, conservación, adaptación o modificación, extracción, consulta, utilización, comunicación por transmisión, difusión o cualquier otra forma de habilitación de acceso, cotejo o interconexión, limitación, supresión o destrucción.
- **Fichero:** todo conjunto estructurado de datos personales, accesibles con arreglo a criterios determinados, ya sea centralizado, descentralizado o repartido de forma funcional o geográfica.
- **Responsable del tratamiento:** la persona física o jurídica, autoridad pública, servicio u otro organismo que, solo o junto con otros, determine los fines y medios del tratamiento; si el Derecho de la Unión o de los Estados miembros determina los fines y medios del tratamiento, el responsable del tratamiento o los criterios específicos para su nombramiento podrá establecerlos el Derecho de la Unión o de los Estados miembros.

El objeto de la ley es regular el registro, tratamiento y cesión de datos personales, para velar por los derechos al honor e intimidad personal y familiar de las personas.

En lo concerniente al registro de la información y haciendo alusión a lo más destacado del Reglamento (UE) 2016/679, en su Artículo 13 Información que deberá facilitarse cuando los datos personales se obtengan del interesado, la normativa determina:

- La necesidad de informar a las personas:
  - De que sus datos van a ser registrados.
  - De la finalidad de los datos.
  - De la posibilidad de negarse a dar sus datos y las consecuencias de esta negativa.
  - De la posibilidad de acceso, cancelación o rectificación de los datos.
- Esta información debe contemplarse en los impresos, solicitudes o formularios de recogida de datos.
- Es necesario el consentimiento de la persona para el registro, tratamiento y almacenamiento de información personal.

El Reglamento Europeo contempla también en el Artículo 9 Tratamiento de categorías especiales de datos personales, el sistema por el que se deben tratar los datos más sensibles. En los datos especialmente protegidos se contemplan los referidos a ideologías, creencias o religión, también los datos de carácter racial, los que hacen referencia a la salud o a la vida sexual de las personas. Todos estos datos no podrán ser recabados sin el consentimiento expreso de las personas interesadas.

Por todo ello, es necesario que los/las profesionales tengan presente la citada ley, respetando su cumplimiento en los registros y procesamiento de la información en los entornos de intervención con las personas usuarias.

Actividades

1. ¿Qué diferencia existe entre el informe social y la historia social?
2. ¿Qué aspecto es fundamental a la hora de registrar información útil para el género?

Continúa en página siguiente >>

<< Viene de página anterior

3. ¿Considera necesario un consentimiento de la persona usuaria de una intervención para registrar información de carácter personal para acceder a un recurso? Justifique su respuesta.

Aplicación práctica

En la construcción de un formulario de registro de información para el acceso a una subvención a entidades sin ánimo de lucro para programas de sensibilización y prevención de la violencia, determine:

1. **¿Qué aspectos del registro considera que no son adecuados para registrar información útil para el género? Razone su respuesta.**
2. **¿Qué aspectos considera adecuados incluir para adecuar el formulario a la perspectiva de género?**

Continúa en página siguiente >>

<< Viene de página anterior

Modelo 1. Solicitud de la Subvención

1.- DATOS DE LA PERSONA SOLICITANTE

APELLIDOS Y NOMBRE: DNI:

EN CALIDAD DE:

2.- DATOS DE LA ENTIDAD I

NOMBRE: CIF:
FECHA DE CONSTITUCIÓN: DOMICILIO:
MUNICIPIO: PROVINCIA:
C. P.: TELÉFONO: E-MAIL:

ÁMBITO: PÁGINA WEB:

3.- DATOS DE LA ENTIDAD II

FECHA DE CONSTITUCIÓN: N.º DE ASOCIADOS:

SEDE SOCIAL:

4.- DATOS DE LOS TRABAJADORES Y VOLUNTARIOS

N.º DE TRABAJADORES:
N.º DE TRABAJADORES TÉCNICOS:
N.º DE TRABAJADORES NO TÉCNICOS:
N.º TRABAJADORES CON FORMACIÓN ESPECÍFICA EN GÉNERO:
N.º DE VOLUNTARIOS:

Continúa en página siguiente >>

<< Viene de página anterior

SOLUCIÓN

1. Este impreso no está constituido teniendo en cuenta la perspectiva de género ni está creando información útil en cuanto al género:

   - Está redactado en un lenguaje sexista.
   - N.º de trabajadores.../N.º de voluntarios/N.º de asociados.
   - No existe ninguna variable desagregada por sexo.
   - No incluye ninguna variable valiosa en cuanto al género.
   - Este impreso no está constituido teniendo en cuenta la perspectiva de género.

2. Respecto a los aspectos que se pueden cambiar para generar información útil y aplicar una perspectiva de género serían los siguientes:

   - Usar un lenguaje no sexista.
   - Desagregar las variables por sexo:
   - N.º de trabajadores técnicos/N.º de trabajadoras técnicas.
   - N.º de trabajadores no técnicos/N.º de trabajadoras no técnicas.
   - N.º de trabajadores con formación en género/N.º de trabajadoras con formación en género.
   - N.º de socias/N.º de socios.
   - N.º de voluntarios/N.º de voluntarias.

Es posible contemplar alguna otra variable que tenga relación con la finalidad de la recogida de datos, como:

N.º de personas de la Junta Directiva/Hombre.

N.º de personas de la Junta Directiva/Mujer.

Por último, es necesario contemplar un texto con el consentimiento firmado para cumplir con el requerimiento de la LOPDGDD y el Reglamento Europeo de Protección de Datos.

---

3. Criterios para difundir información

En los procesos de registro de información, atención e intervención con la población es necesario atender a una metodología y procedimientos establecidos que garantice la calidad del servicio. Estos procedimientos deben estar sustentados en la ética y Código Deontológico de los profesionales de lo social.

Para una correcta atención a la población es imprescindible, como se ha visto, el registro de la información para adecuar la atención a las demandas y necesidades de la población. De igual forma, esta información, puede precisar ser transmitida a otros profesionales con la finalidad última de obtener los objetivos propuestos de intervención.

Se verá a continuación, cómo la metodología y procedimientos del trabajo multidisciplinar deben adecuarse a las leyes y códigos éticos en la difusión de la información y garantía de la atención a las personas usuarias.

3.1. Confidencialidad y secreto profesional

En la atención e intervención con las personas usuarias de servicios o recursos, es necesaria la aplicación del principio de confidencialidad y secreto profesional. Ambos conceptos hacen referencia a la obligatoriedad, por parte del/la profesional, respecto al derecho de las personas usuarias, respecto al tratamiento y uso de la información derivada de su atención o intervención.

Código Deontológico

Estas obligaciones del trabajador o trabajadora y los derechos de las personas usuarias vienen recogidas en el Código Deontológico del Trabajo Social.

El Código Deontológico de Trabajo Social es un documento en el que se recogen los principios, valores y normas que han de guiar el ejercicio de la profesión. Esta normativa está compuesta por cinco capítulos y hace referencia a este principio de confidencialidad y secreto profesional el capítulo IV completo y, dentro de los cuatro restantes, dedica cuatro artículos más a este tema.

La confidencialidad de la información aportada o recabada de cualquier fuente respecto a las personas usuarias deben regirse por los derechos y obligaciones contempladas en el Código Deontológico, el cual establece una gran relevancia a la garantía y cumplimiento de estos preceptos, como se ve en su artículo 48:

La confidencialidad constituye una obligación en la actuación del/la trabajador/a social y un derecho de la persona usuaria, y abarca a todas las informaciones que el/la profesional reciba en su intervención social por cualquier medio.

De la misma forma, el Código Deontológico en su artículo 53 recoge una serie de deberes que es necesario respetar en cuanto a la confidencialidad:

El/la trabajador/a social cumplirá los siguientes deberes en relación con la información confidencial:

De calidad: el/la profesional recabará la información estrictamente necesaria para el desempeño de su intervención social de la forma más exacta posible, siendo respetuoso/a en su obtención y actualización y haciendo un uso responsable de la misma.

De consentimiento: cuando la información se obtenga de la persona usuaria, se entenderá concedida su autorización por el mero hecho de su solicitud dentro de la intervención profesional. La persona usuaria deberá tener la garantía de la confidencialidad de la información que haya de facilitar para la intervención profesional. Deberá explicarse a la persona usuaria cómo trabaja la organización, indicándole que tiene en todo momento el derecho de aceptar, rechazar o retirar el consentimiento, si en algún momento lo estima oportuno, de acuerdo con la normativa vigente.

De cesión de información y advertencia de confidencialidad: el/la profesional del trabajo social, siempre que remita o traslade información indicará por escrito, si fuera necesario, al receptor/a, que esta es confidencial y que solo puede utilizarse para el fin solicitado, pudiendo existir responsabilidad en caso contrario. En toda circunstancia se atendrá al principio de prudencia en el manejo y cesión de la información. Evitará por ello comentarios y coloquios acerca de información sobre los/las usuarios/as en espacios públicos, abiertos o faltos de intimidad.

De limitación: el/la profesional del trabajo social debe limitar las informaciones que aporta a sus colegas y a otros/as profesionales tan solo a los elementos que considere estrictamente indispensables para la consecución del objetivo común, respetando el secreto profesional.

De cumplimiento de la legislación de protección de datos, administrativa o de la entidad en la que trabaje: el/la profesional del trabajo social cumplirá la normativa en materia de protección de datos, administrativa o de la entidad en la que trabaje, especialmente en relación a los datos sensibles y custodia de expedientes, como garantía del principio de confidencialidad y secreto profesional.

De finalidad: la información obtenida se dedicará al fin para el que se recabó salvo consentimiento expreso de la persona usuaria, autorización legal o petición judicial.

De custodia y acceso responsable: el/la trabajador social, sin perjuicio de las responsabilidades del resto de profesionales con los que trabaja o para quienes trabaja, deberá custodiar los documentos e informaciones de la persona usuaria, así como restringir el acceso permitiendo su uso solo al personal autorizado con los que desempeña su función como forma de garantizar la confidencialidad.

Conceptos básicos

A continuación, se verán algunos conceptos que son necesarios distinguir relativos al principio de confidencialidad:

- **Confidencialidad:** es todo aquello que se hace o dice dentro de un ámbito de confianza entre dos o más personas.
- **Privacidad:** derecho de las personas a determinar y controlar la información que revelan de sí mismas, conociendo, de igual forma, los motivos, fines y personas que han accedido a ella.
- **Datos de carácter personal:** son todos aquellos datos que identifiquen o puedan ser identificativos de una persona física.
- **Confidente necesario:** toda aquella persona que tiene una argumentación para el conocimiento de la información reservada, basada en la necesidad de colaborar para la mejora del servicio o atención.

Definición

Secreto
Todo aquello que debe ser alejado de la vista o del conocimiento de terceras personas.

El **principio de reserva,** por su parte, es culturalmente extendido durante la socialización de las personas, respetándolo de forma general en su vida diaria. Es decir, culturalmente se enseña que es necesario reservar o mantener a recaudo, información íntima de personas del entorno para el bienestar de esas personas y el bien común. Esta concienciación de respeto a la intimidad de las personas es la base que sustenta el secreto profesional y principio de confidencialidad.

De lo anterior, se podría deducir que toda la información revelada por la usuaria o usuario tendría este carácter de reserva y formaría parte del secreto profesional, sin embargo, esto no es así, como se verá a continuación.

El **secreto profesional** es el compromiso que adquiere el trabajador o trabajadora ante las personas usuarias de mantener silencio sobre todo la información que ha sido o pudiera ser revelada en el curso de su quehacer profesional.

El Código Deontológico en su artículo 50, indica:

> *El secreto profesional de los/las trabajadores/as sociales se extiende a toda información confidencial cualquiera que sea la manera en la que se haya recabado. Se entiende por información confidencial aquella que es de carácter personal y que la persona usuaria no quiere que se revele. En caso de duda sobre la naturaleza de la información, el/la profesional podrá solicitar la confirmación de tal extremo a la persona usuaria, preferentemente por escrito, o pedir asesoramiento a la Comisión Deontológica del órgano competente o de la estructura colegial.*

Dentro del secreto profesional es posible realizar una tipología que puede ayudar en la aplicación del principio de confidencialidad:

- **Secreto implícito:** se basa en el principio de reserva que de forma extendida poseen normalmente todos los seres humanos. Es el que se da por hecho, sin necesidad de verbalizarlo, que el/la profesional es confiable y la información revelada será usada sin perjuicio de la persona usuaria.
- **Secreto convenido:** en la relación persona usuaria/profesional este tipo de secreto está pactado anteriormente. La iniciativa puede venir por parte del usuario como condición para ser revelado, exigiendo una garantía de confidencialidad o también, por parte de la/el profesional, solicitando permiso para ser transmitido a terceros en aras de un mejor servicio o atención.
- **Secreto prometido:** este secreto es una condición impuesta por el/la usuaria para desvelar información confidencial sujeta a una garantía de secreto absoluto frente a lo revelado. Si el/la trabajadora accede a esta condición, no podrá bajo ningún concepto, desvelar el secreto profesional, con excepción de que atente contra la seguridad de la persona, terceros, así como, ante un requerimiento legal.

- **Secreto facultativo:** esta información es originada a través de la labor de investigación, intervención, análisis, diagnóstico o conclusiones sobre las personas usuarias. Esta información no es conocida por muchas personas o incluso por las propias personas usuarias. Como ejemplo de este secreto se pueden encontrar, las estrategias usadas en la intervención o comunicación como procesos de persuasión o disuasorios para conseguir los objetivos planteados.

Actividades

4. ¿Cuáles son las diferencias entre secreto prometido y el secreto profesional?
5. ¿En qué consiste el principio de reserva?
6. ¿Qué diferencias existen entre el secreto profesional y el principio de reserva?

Principio de confidencialidad y trabajo multidisciplinar

No es al azar, que el Código Deontológico dedique un gran espacio a regular o guiar el aspecto de la confidencialidad, pues aunque en apariencia parezca fácil, se convierte en ocasiones, en un dilema ético en cuanto a la conveniencia o no de desvelar el secreto profesional, contraponiéndose varios argumentos que lleven a una u otra postura. En el código, se especifican también los preceptos en los que se establecen las excepciones a este principio y los procedimientos ante estas situaciones, pero no siempre está definida específicamente la opción adecuada en cada caso, surgiendo dilemas morales y éticos que pueden generar situaciones complicadas a profesionales.

En la atención social e investigación de necesidades, problemas o demandas, es imprescindible recabar información confidencial de las personas usuarias. Estos datos que proceden del quehacer diario, constituyen la historia íntima de los/las usuarias, confidencias que en ocasiones no conocen las personas más cercanas a ellas. Son reveladas a la/el profesional con el objeto de una mejora efectiva y estableciéndose una seguridad y confianza entre ambos, dando por sentado que lo hablado en la relación profesional será tratado con garantía de confidencia.

La única forma de mantener la relación profesional/persona usuaria es consiguiendo crear el clima adecuado de confianza, generando la seguridad suficiente a través de la empatía y garantizando el necesario y obligatorio principio de confidencialidad.

Ahora bien, es necesario distinguir entre secreto profesional absoluto y secreto profesional relativo. Cuando se hace referencia al secreto profesional absoluto, se describe la obligatoriedad por parte de las/los profesionales de no transmitir a un tercero, bajo ningún precepto o justificación lo revelado por la persona usuaria. Este enfoque, no es usado ya en la práctica profesional, incluyendo cuando se acuerda un secreto prometido. Por ello, en la actualidad se practica el secreto profesional relativo. El Código Deontológico lo recoge en su Artículo 54, *Supuestos de exención de la confidencialidad y del secreto profesional.* De forma general, se podría resumir en tres:

- Cuando haya una justificación legal.
- Cuando suponga una amenaza para la persona usuaria o terceras personas.
- Cuando se realice intervención social en equipos.

En las prácticas sociales, el trabajo multidisciplinar es necesario y enriquece la intervención. Estas son valoradas por diferentes profesionales y es inevitable la transmisión de información confidencial para la valoración de los casos. Incluso las personas confidentes colaboradoras pueden provenir de instituciones u organismos distintos, en la aplicación de recursos o servicios para atender demandas o necesidades de las personas usuarias.

Erróneamente se considera que toda la información revelada constituye secreto profesional. Existe información de las personas usuarias que es conocida por todos o no es considerada de relevancia para ser tratada como información confidencial. Esta afirmación es necesario usarla con prudencia y cautela, puesto que existe una valoración personal sobre lo que se considera o no susceptible de ser confidencial.

Todas estas difusiones de la información deben seguir un procedimiento establecido que tenga que cumplir al menos con los siguientes requisitos:

- La difusión de la información entre profesionales debe tener una justificación de utilidad, cuya finalidad esté contemplada en los objetivos de la intervención.
- Solo debe transmitirse la información necesaria para el objetivo propuesto.
- Aunque esté implícito en la intervención la participación de varios profesionales es necesario informar a las personas usuarias de que la información será transmitida a profesionales con su apropiada justificación y de una forma que sea entendible para ella.
- Es recomendable que este consentimiento de la difusión entre profesionales de datos confidenciales esté expuesto con claridad por escrito y firmado por la persona usuaria.
- La transmisión de información entre profesionales, organismos o entidades debe respetar la normativa europea y la Ley Orgánica 3/2018, de 5 de diciembre, de Protección de Datos Personales y garantía de los derechos digitales (LOPDGDD).

Recuerde

Art. 53 establece el siguiente deber de limitación:

El/la profesional del trabajo social debe limitar las informaciones que aporta a sus colegas y a otros/as profesionales, tan solo a los elementos que considere estrictamente indispensables para la consecución del objetivo común, respetando el secreto profesional.

Ley Orgánica de Protección de Datos Personales

En el apartado anterior, se detalló la necesidad de registrar la información de las personas usuarias respectando la normativa europea y la Ley Orgánica 3/2018, de 5 de diciembre, de Protección de Datos Personales y garantía de los derechos digitales (LOPDGDD). En este apartado es necesario hacer un especial hincapié, en que las/los profesionales de lo social durante la intervención y atención a personas usuarias, están obligados a respetar igualmente, la ley en materia de protección de datos personales.

Aplicación práctica

Para la adecuada atención a una usuaria de un proyecto de inserción laboral para víctimas de violencia de género que se lleva a cabo en una entidad local de una comunidad, ¿qué procedimientos debe seguir el/la profesional responsable del proyecto antes de iniciar dicho servicio, con respecto al secreto profesional y con respecto a la difusión de datos?

SOLUCIÓN

Según los datos, se está ante un caso cuya información es especialmente sensible y requiere de un tratamiento riguroso en materia de tratamiento de la información.

En el primer planteamiento, a nivel de secreto profesional, es necesario ser especialmente precisos, en cuanto a la información conocida y confidencial del caso concreto, determinando qué parte de ella es pertinente para el desarrollo del servicio y cuál no. Será necesario rellenar documentación, informes para justificar el acceso a la usuaria al servicio. Por ello, solo se desvelará la parte estrictamente necesaria, rompiendo el secreto profesional, para asegurar el acceso a esta usuaria al servicio. Por su parte, la usuaria debe estar informada de la excepción justificada al compromiso del secreto profesional.

Para cumplir con el Reglamento (UE) 2016/679 y la LOPDGDD se debe firmar con la usuaria un consentimiento informado de cuáles serán los fines y quienes serán las entidades que harán uso de la información.

En la difusión con estas empresas, en el convenio de colaboración, debe estar especialmente indicado que se está facilitando información confidencial que está protegido por el secreto profesional y deben respetar este carácter, estableciendo, por su parte, el compromiso de secreto profesional.

De igual forma, solo será cedida la información estrictamente necesaria para el desarrollo del servicio.

4. Manejo de estrategias de comunicación externa, para facilitar el contacto fluido y constante hacia y desde los diferentes agentes del entorno de intervención: grupos y asociaciones de mujeres, personal técnico, agentes sociales, administraciones públicas y ciudadanía en general

La comunicación externa es un elemento clave para el desarrollo de proyectos, que se ha tratado anteriormente desde la perspectiva de mercadeo o venta del proyecto al público objetivo. En este apartado, se tratará otro aspecto de la comunicación externa que no especifica el nivel operativo único de la difusión del proyecto en sí, sino que hace referencia a una estrategia de relación con el entorno.

Estas estrategias de comunicación externa tienen su base sustentada en la participación y en la necesidad de dinamizar el entorno comunitario para establecer relaciones con los/las integrantes de la comunidad para que sean protagonistas de las acciones del proyecto.

La/el profesional ocupará un rol de dinamizador del entorno basando sus actuaciones en implementar estrategias encaminadas a obtener la participación e implicación de los grupos sociales de la comunidad.

Nota

La dinamización comunitaria, a través de la participación de los grupos de interés, tiene su base estratégica en la comunicación vincular.

4.1. Grupos de interés

Los grupos sociales o personas integrantes de la comunidad son los llamados **grupos de interés,** formados por todas aquellas personas o grupos con los que la entidad necesita establecer vías o cauces de comunicación, es decir, establecer relaciones, en aras de la consecución de los objetivos.

¿Quiénes constituyen estos grupos? Todos aquellos grupos sociales afines con los objetivos del proyecto o de la entidad, grupos de mujeres, asociaciones, fundaciones, ONG, organizaciones sociales que puedan ayudar en la consecución de los objetivos, entidades públicas, empresas o entidades privadas, grupos de decisión, personas voluntarias o socias, personal del *staff,* personal técnico o la ciudadanía.

Como se ve, algunos de los grupos de interés forman parte del entorno externo a la entidad y otros pertenecen al entorno interno de la entidad. Con todos estos grupos es necesario establecer vías de comunicación y relación estable porque forman parte de los agentes del entorno de la entidad.

4.2. Mapas de grupos de interés

Para establecer una estrategia de comunicación con estos grupos de interés es necesario primero delimitar cada uno de ellos, en cuanto al vínculo o relación que tienen actualmente con la organización y en cuanto a sí tienen o no un vínculo establecido. Con esta clasificación puede establecerse un **mapa de los grupos de interés.**

El primer paso para construir el mapa de los grupos de interés es realizar un listado con todos aquellos grupos que se consideren claves o cuya relación puede suponer una herramienta en la consecución de los objetivos. En esta lista se debe incluir una valoración del tipo de relación actual que existe entre el grupo de interés y la organización.

El mapa de los grupos de interés indicará en qué espacio o situación actual se encuentra la organización estableciendo cuatro niveles de relación establecido con el grupo de interés (alto, medio, bajo o nulo). Estos niveles pueden establecerse en círculos concéntricos, donde en el círculo central se sitúan los grupos de interés con los que actualmente se tiene un nivel de relación alto, el siguiente, un nivel de relación medio, en el círculo más alejado estarían los grupos de interés con los que se ha establecido poca relación y fuera de los círculos se encuentran los grupos que aún no tienen relación con la entidad, pero que su relación es positiva para la organización.

En un ejemplo de mapa de grupo de interés podría establecerse de la siguiente forma:

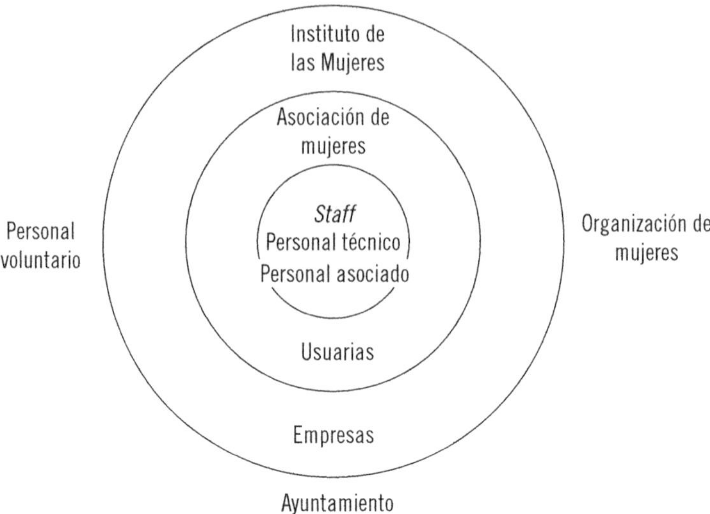

El uso de mapas de grupos de interés permite establecer una visión rápida y general del estado de relaciones establecidas con el entorno de la organización. En el ejemplo, el *staff,* personal técnico y personal asociado ocupan un rol activo y participativo en la organización, situándose en el anillo central del mapa, a medida que se va alejando de este, se encuentran otros agentes que van perdiendo participación o presencia en la acción de la organización con niveles de relación inferior, hasta llegar al caso de Ayuntamiento, organizaciones de mujeres o personal voluntario, con los que la entidad no tiene ninguna relación, sin embargo, son considerados importantes para la consecución de los fines.

Actividades

7. ¿Cuántos niveles de relación se establecen en el mapa de grupos de interés?
8. ¿Cuál es el primer paso para crear un mapa de grupo de interés?
9. ¿Qué diferencia existe entre grupo de interés y público objetivo?

El mapa de interés puede servir como clarificador de la situación actual de la organización frente a las relaciones que establece con el entorno, es decir, que tiene una función de diagnóstico (mapa actual de grupo de interés). Pero también, puede ser usado para planificar actuaciones concretas enfocadas a establecer futuras relaciones con grupos de interés con los que actualmente no se ha establecido relación o es insuficiente, dibujando entonces un mapa con la situación ideal de relación, incluyendo el espacio donde deberían situarse cada grupo de interés (mapa de grupo de interés ideal o deseado). Puede establecerse una comparación entre ambos, determinando brechas de relación, focos de actuación y una guía en la planificación de estrategias.

4.3. Estrategias de comunicación con grupos de interés

Una vez que se ha establecido la situación de partida y la situación ideal es necesario establecer una estrategia de comunicación para lograr pasar del mapa de grupo de interés actual al ideal.

Para establecer esta relación con los grupos de interés es necesario seguir una estrategia que debe estar planificada y establecida con anterioridad.

Estrategia
Planteamiento de cómo se va a alcanzar el logro de los objetivos planteados, estableciendo qué hacer, cómo y de qué manera.

Para establecer canales de comunicación con los grupos de interés es necesario establecer una estrategia planificada que debe contener los siguientes pasos:

1. Estudios de los grupos de interés:

   - Definir sus objetivos (aquellos que puedan estar en relación con los objetivos de la organización).
   - Conocer su funcionamiento.
   - Localizar personas clave de contacto.
   - Medios o canales de accesos.
   - Información sobre datos de contacto, teléfono, correo, dirección, etc.

2. Definir una estrategia de acción para cada grupo de interés:

   - Determinar si el objetivo será establecer o aumentar la relación con el grupo de interés.
   - Determinar cuál será el mensaje que se quiere transmitir (debe incluir los beneficios para el grupo de interés de establecer relación con la organización).
   - Determinar cuáles serán los medios o canales y los soportes que se usarán para la comunicación.
   - Determinar quiénes llevarán a cabo las acciones.
   - Establecer una temporización o cronograma de las acciones.
   - Establecer un coste de las acciones.

3. Es necesario realizar las siguientes preguntas:

   - ¿Cuál será el enfoque que se le quiere dar a la comunicación?
   - ¿Con qué lenguaje se comunica?
   - ¿Cómo será la relación que se pretende establecer entre la organización y el grupo de interés?
   - ¿Qué argumentaciones se tienen para conseguir esta relación?

4. Realizar una priorización de los grupos de interés por su aportación a influencia en los objetivos.

Una vez realizado el diagnóstico de partida, el estudio de los grupos de interés, la planificación de la estrategia y la priorización de los grupos de interés se está preparado para llevar a cabo las acciones estratégicas.

Es necesario saber que la relación con los grupos de interés es una acción que no puede ser puntual, sino que el establecimiento de una relación implica compromiso de continuidad necesario para mantener activo los cauces de comunicación. Por otro lado, siempre es necesario el establecimiento de nuevos contactos o relaciones con grupos de interés que van surgiendo en la comunidad o se convierten en estratégicos ante nuevos proyectos u objetivos de la organización. Por ello, el establecimiento o creación de canales de comunicación con los grupos de interés es una tarea que precisa continuidad y planificación de forma permanente.

Aplicación práctica

En una asociación de mujeres del pueblo de Jun, dc la provincia de Granada, se pretende llevar a cabo un proyecto de visualización del papel de las mujeres en el tejido empresarial del pueblo de Jun.

Determine tres grupos de interés para apoyar el proyecto y justifique la respuesta.

SOLUCIÓN

Los grupos de interés pueden ser distintos en función de la perspectiva o finalidad del proyecto. En este caso se ha querido resaltar la aportación al tejido empresarial del pueblo, resaltando aquellas mujeres que desarrollan actividades económicas de relevancia para el pueblo de Jun. Los grupos seleccionados son:

- El Ayuntamiento: por su papel mediático, de difusión y posibilidad de aportación económica al proyecto.
- Las socias y socios de la entidad que se representa: este grupo es relevante en el proyecto como grupo social representativo de la entidad y grupo de presión y difusión del proyecto. El establecer una estrategia refuerza la pertenencia del grupo a la entidad y la consolidación de la relación para futuras acciones o proyectos.
- Grupo de empresarias/os de la comunidad: este grupo aporta enlaces claves con el tejido empresarial de la comunidad, experiencia y conocimiento de la aportación de las mujeres en este ámbito y puede convertirse en un nuevo apoyo a la iniciativa en cuanto a difusión y la suma de fuerzas del entorno.

5. Establecimiento de procesos que faciliten la retroalimentación de la comunicación en el entorno de intervención

En los procesos de comunicación con las personas usuarias de las intervenciones sociales es imprescindible el uso de la retroalimentación para la verificación de la efectividad y acierto de las acciones.

La retroalimentación hace referencia al mensaje de vuelta en los procesos de comunicación. En sentido estricto, la retroalimentación hace referencia a los mensajes o la información que llega del receptor en respuesta a un mensaje recibido.

En el proceso de la comunicación, el emisor envía un mensaje codificado a través de los canales o medios de comunicación que llega al receptor descodificando este mensaje y enviando un nuevo mensaje como respuesta al emisor. Las respuestas no siempre tienen que ser a través de la comunicación verbal como se verá más adelante.

Pero en este apartado, se estudiará la retroalimentación, como los diferentes procesos de respuesta de las personas usuarias que aporten información valiosa para la mejora y calidad de la intervención social. Es importante entender que los procesos de retroalimentación con las personas usuarias enriquecen las intervenciones ayudando a ajustar los recursos, necesidades y demandas.

Por ello, la retroalimentación se entiende, en sentido amplio, como todos aquellos procesos que ayuden a facilitar la aportación de información, valoración o percepción sobre las intervenciones en materia de calidad.

Esquema de la retroalimentación

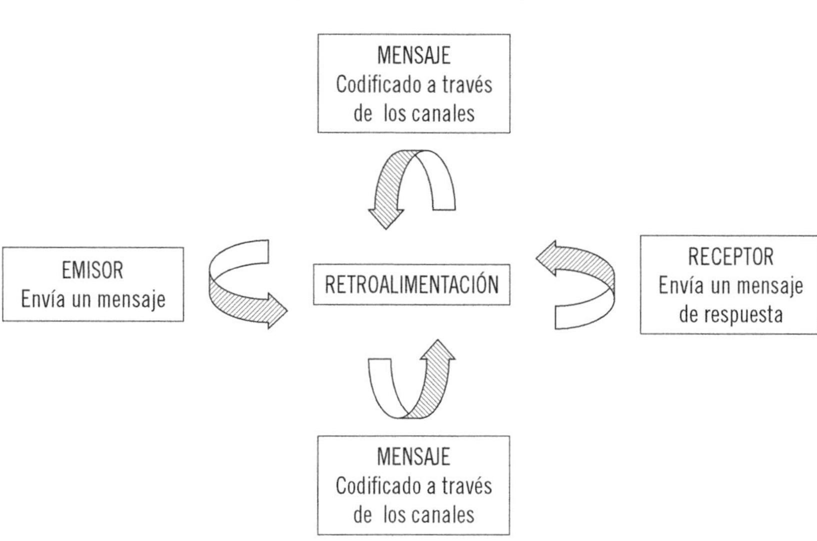

A continuación, se verán los diferentes procesos facilitadores de la retroalimentación en la intervención social.

5.1. Comunicación efectiva con el entorno de intervención

La comunicación efectiva, dentro de los procesos comunicativos en la intervención, se entiende como el logro de la transmisión del mensaje al receptor de manera y forma que este entienda y descodifique correctamente el mensaje.

Nota

La comunicación efectiva se da cuando el significado pretendido es igual al significado percibido.

La comunicación efectiva se considera un proceso facilitador de la retroalimentación, en cuanto a su necesidad de aplicación para que el receptor comprenda el mensaje que se está tratando de transmitir y puede efectuar un mensaje de respuesta en relación al mensaje recibido. De esta forma, se entiende la comunicación efectiva como el acto de darse a entender correctamente, es decir, que el receptor del mensaje comprenda el significado y la intención de aquello que se quiere comunicar. El único mensaje que cuenta es el que se entiende, no importa si es el que realmente se pretendía ofrecer (Verderber y Verderber, 2005). La información debe llegar al público destinatario de una forma clara y entendible, es necesario que el mensaje sea entendido e interpretado correctamente por la persona destinataria del mensaje. De esta forma se podrá provocar una respuesta válida, una retroalimentación consciente.

La comunicación efectiva no es un proceso sencillo de alcanzar, es necesario adquirir una serie de habilidades y herramientas de comunicación que lleve al profesional a lograr:

- Un clima adecuado que facilite la comunicación.
- Generar confianza y seguridad para lograr la retroalimentación de las personas usuarias.
- Que el mensaje sea entendible y percibido por la persona usuaria.
- Usar un lenguaje adaptado a las personas e inclusivo.

A continuación, se detallan una serie de habilidades claves para alcanzar la comunicación efectiva y facilitar la retroalimentación.

La escucha activa

Escuchar y oír no son sinónimos. Escuchar es una acción que se realiza de forma consciente y voluntaria. Es una acción que se hace si uno quiere escuchar. Sin embargo, oír es percibir sonidos y se hace de un modo inconsciente. Pero escuchar es una habilidad que no solo se consigue con la voluntad, es necesario entrenamiento, disposición y actitud. Requiere de toda la atención de la persona que la lleva a cabo, de conectarse con la persona que comunica, sin distracciones o indicios de falta de atención que pueda perturbar la sintonía. Es necesario poner los cinco sentidos en tratar de comprender a la otra persona, sin prisas, sin interrumpir o tratar de monopolizar la conversación con consejos o valoraciones.

Proporciona a la persona que se siente escuchada sentimientos de alivio, comprensión, desahogo, creciendo en satisfacción y bienestar personal.

En la escucha activa deben enviarse señales de que se está comprendiendo lo que se dice, reformular, retroalimentar la comunicación haciendo preguntas oportunas. También es importante el lenguaje no verbal que se transmite, la expresión del cuerpo, la posición de los brazos, la mirada, la expresión del rostro, todo debe expresar atención, comprensión y estado abierto de escucha. Se deben evitar:

- Cruzar los brazos.
- Mirar hacia otros lados evidenciando distracciones.
- Hacer movimientos repetitivos denotando impaciencia.
- Expresar con el rostro, desaprobaciones, prejuicios, valoraciones o críticas.

Para realizar una escucha activa se debe tener en cuenta los siguientes aspectos:

- Es necesario no juzgar.
- Aceptar a la persona en todas sus consecuencias.
- Respetar sus decisiones, creencias y pensamientos.
- Dejar que la persona se exprese libremente y a su ritmo.
- No criticar o dar consejos.
- No etiquetar o estereotipar a las personas, tener una actitud libre de prejuicios.
- Facilitar un clima de confianza y potenciar la liberación de sentimientos.

La empatía

La empatía hace referencia a la capacidad de ponerse en el lugar de la otra persona. Esto quiere decir, ser capaz de entender los sentimientos, necesidades o expectativas de la otra persona. Sin juzgarla, comprender lo que le está sucediendo en primera persona. Precisa un esfuerzo extra para dejar de un lado los propios prejuicios y ser capaz de captar el interior de la persona, lo que siente, piensa, comprenderla y aceptarla en su totalidad.

La asertividad y la autoestima

La asertividad es la capacidad de las personas de expresar, defender sus propios pensamientos, creencias, derechos y estilos de vida, actuando de una forma consecuente con estos pensamientos pero a la vez, respetando los sentimientos, actitudes o pensamientos de otras personas.

La asertividad es generadora de autoestima y crecimiento personal. La escucha asertiva contribuye a generar relaciones personales desde el respeto mutuo y el crecimiento de ambos por el enriquecimiento de la aceptación de distintas perspectivas de la vida.

La autoestima es el pilar de la asertividad. Sin autoestima y valoración personal no puede existir la asertividad. Cuando la autoestima es alta, las relaciones son relajadas, libres de sentimientos de inseguridad o incertidumbres de si se será aceptada. En la comunicación asertiva las personas se expresan y permiten la expresión libremente.

Resiliencia

La resiliencia es la capacidad de las personas a abordar las circunstancias y vivencias traumáticas o especialmente duras de una manera constructiva y positiva. Es la capacidad a sobreponerse y transformar las dificultades en experiencias y crecimiento. Las personas que tienen esta perspectiva ante la adversidad, piensan: *cuando se cierra una puerta se abre una ventana llena de nuevas oportunidades.*

En el plano profesional, la resiliencia es la perspectiva que cree en el no determinismo o estigmatismo de las personas. Supera la perspectiva del dualismo de Platón, que hace que se tenga una visión del mundo enfrentada en dos polos, lo bueno/lo malo, blanco/negro, hombre/mujer, bonito/feo, las dos caras opuestas de la vida. Esta perspectiva rompe con el dualismo y plantea multitud de opciones, de visiones, de formas de afrontar las circunstancias.

Muchos profesionales siguen anclados en la dualidad de Platón y en el determinismo de las personas, estigmatizadas hacia una realidad definida por las circunstancias. En la resiliencia recae el poder de sobreponerse, crecer, cambiar las cosas, generar nuevas oportunidades e inventar un nuevo camino.

Ejemplo

Un joven que haya sufrido agresiones será agresivo de adulto (determinismo).

La perspectiva de la resiliencia no dará por sentado esta afirmación y ayudará a focalizar esta circunstancia desde una actitud positiva.

Todas estas habilidades comunicativas aplicadas a la intervención con personas usuarias potencian creación de espacios de confidencialidad, empatía y confianza que generan la libre expresión de las personas y la retroalimentación de las intervenciones adecuando en el proceso la aplicación de recursos y servicios como respuesta a las demandas y necesidades.

Actividades

10. ¿Considera adecuado dar la opinión personal del/la profesional de una circunstancia que solo afecta al usuario/a? Justifique su respuesta.
11. ¿Cuáles son las habilidades de comunicación fundamentales que debe poseer un/una profesional?

5.2. La participación

Si se entiende la comunicación como un proceso que trasciende de la mera trasmisión de la información, adquiriendo un sentido vincular, es decir, que vincula a las personas implicadas en el proceso, a través de la puesta en común, de compartir e intercambiar experiencia, entonces se entiende la comunicación estrechamente relacionada con el concepto de participación.

Con esto, se pretende explicar, que no existe participación sin una comunicación vincular. Las entidades sociales no pueden reducir su comunicación a la mera transmisión o comunicación de un solo sentido, emisor-receptor, sino que es imprescindible que exista una retroalimentación. No se podrán ajustar las intervenciones a las personas usuarias si no se sabe lo que necesitan, lo que sienten, cuáles son sus expectativas. Y en las intervenciones, se necesita saber si estas se ajustan a sus necesidades.

Esta visión de la comunicación implica la dimensión de la creación de vínculos, de relación, de encuentro entre las personas que ponen en común visiones, experiencias, expectativas. La comunicación es generadora de nuevas dimensiones y transformaciones de la sociedad, como consecuencia de la puesta en común y la búsqueda conjunta de soluciones y nuevas realidades.

Por ello, no puede hablarse de retroalimentación sin participación. Ambos conceptos van unidos, es necesario potenciar la participación desde una comunicación vincular, generadora de espacios de diálogo, de encuentro, de debate. Estos espacios serán la base de la participación donde pueden generarse la retroalimentación, que pueda servir de guía para el ajuste de una adecuada intervención. Del mismo modo, en las intervenciones de los programas, que son el resultado de la participación de las personas protagonistas de la acción, las personas se muestran más concienciadas al cambio de actitud en la búsqueda de soluciones.

A través de la participación se crea la retroalimentación que enriquecerá, guiará y evaluará el trabajo en la intervención social.

Recuerde

La comunicación vincular es una comunicación a través de la que se pretende crear vínculos con la población, espacios de encuentro y diálogos a través de la participación.

6. Elaboración de guías y mapas de recursos

Antes de hablar sobre el procedimiento en cuanto a la elaboración y mantenimiento de los mapas y guías de recursos sociales es necesario aclarar varios conceptos.

6.1. Conceptos previos

El concepto de **recurso social** ha estado siempre ligado al concepto de necesidad social, siendo los recursos sociales los medios para cubrir las necesidades sociales.

Según la definición de De las Heras y Cortajarena (1978):

> *Los recursos sociales son los medios humanos, materiales, técnicos, financieros, institucionales, etc., de que se dota a sí misma una sociedad, para dar respuesta a las necesidades de sus individuos, grupos, y comunidades, en cuanto a integrantes de ella. Es el concepto correlativo a las necesidades. La condición de sociales, le viene dada porque su función cumple un objetivo social, no particular.*

Por otro lado, los recursos sociales tienen dos características que lo definen:

- Son escasos y limitados.
- Pero no son un fin en sí mismo, porque la posesión de los recursos no asegura que el problema vaya a resolverse.

El **mapa de recursos** hace alusión a la recopilación de forma esquemática y estructurada por zona geográfica de los medios humanos, materiales, técnicos, económicos, institucionales, etc., útiles para cubrir necesidades concretas de un ámbito de actuación dado.

La **guía de recursos** hace alusión a la recopilación bibliográfica que se puede sustentar, en formato físico o digital, que contiene información estructurada de los medios útiles para cubrir necesidades concretas de un ámbito de actuación dado.

6.2. Pasos para crear un mapa y guía de recursos

Para la creación de mapas y guías de recursos es necesario seguir una serie de fases o etapas:

1. Etapa de definición

En esta etapa se contemplan todas las actuaciones encaminadas a determinar los siguientes aspectos:

- Delimitar la problemática o necesidad concreta, y todos los ámbitos y áreas que se pretende cubrir con los recursos contemplados en la guía.
- Delimitar la zona geográfica de actuación.
- Determinar el sector de población al que van dirigidos los recursos.

2. Etapa de investigación

Esta etapa comprende la investigación con el objetivo de obtener la información necesaria para el contenido de la guía. Una vez que se ha delimitado la necesidad que se pretende cubrir, la zona geográfica y el sector de población al que va dirigido es necesario realizar una investigación o rastreo de la información. Para ello, se realizarán las siguientes acciones:

- Elaborar un listado de todos los organismos, entidades, públicos o privados de los que se puedan obtener recursos útiles. Este será el punto de partida, lo que se conoce.

- Investigación de cada uno de estos organismos, a través de entrevistas, fuentes de información bibliográfica o digital, personas claves, estudios de guías de recursos publicadas, etc.
- Estudio del tejido asociativo o recursos de la propia comunidad.
- Estudio a través de informantes claves.

Nota

Toda la información recabada debe ser contrastada y verificada.

3. Etapa de sistematización

Toda la información recogida debe ser sistematizada y clasificada atendiendo a:

- Tipos de necesidades que cubre o tipo de recurso.
- Zona geográfica.

Los datos contenidos en las guías de recursos serían los siguientes:

- Datos de contacto del proveedor de recurso.
- Tipo de recurso y sus características.
- Información sobre requisitos y condiciones de acceso.

4. Creación de la guía

Toda la información recogida y sistematizada es clasificada en función de los criterios de utilidad, por zona geográfica, por tipo de servicio etc. Es muy importante que la guía tenga una estructura definida, lo más recomendable por varios criterios (por zona geográfica y tipo de recursos) para facilitar su uso.

La guía debe llevar una parte introductora que delimite los siguientes aspectos:

- Descripción de la entidad que ha creado la guía.
- Objetivos de la guía.
- A quiénes va dirigida la guía.
- Cuál es su ámbito de actuación.
- Criterios usados de clasificación.
- Breve descripción del contenido de la guía.
- Breve explicación de formas de usos de la guía.

También es posible plasmar toda la información en un **mapa** donde quedará delimitado por zonas los recursos existentes, dando una visión muy general y visual de la distribución de los recursos.

5. Temporalización

Se determina la temporización de las actualizaciones pertinentes para mantener la guía actualizada.

6.3. Guías de recursos de género

Las guías de recursos son herramientas de gran valor que facilita el trabajo del profesional o la profesional que atiende una problemática concreta.

En lo referente a la atención al género es necesario aclarar que la atención a esta problemática es compleja, puesto que implica la atención de multitud de áreas, salud, económica, social, educativa, cultural, política, y diferentes dimensiones del problema, prevención de las desigualdades, atención y prevención de la violencia de género, concienciación, sensibilización y educación en materia de igualdad, etc.

Importante

En materia de género son muchas las guías de recursos publicadas. Casi todas las Comunidades Autónomas han publicado una propia. Esta debe ser conocida por el/la profesional de la atención a la mujer.

A nivel estatal existen una serie de recursos y centros públicos de atención a las mujeres. Algunos de ellos son:

- Centros de información y asesoramiento a mujeres, de ámbito local, como, por ejemplo, en la Comunidad Valenciana los centros Infodona.
- Centros de acogida:
  - A mujeres víctimas de la violencia de género:
    - Casas de acogida.
    - Pisos tutelados.
    - Centros de emergencia.
  - A madres solteras.
  - Mujeres en riesgo de exclusión social.
- Entidades que trabajan con mujeres en riesgo de exclusión social (mujeres que ejercen la prostitución, exreclusas, afectadas por toxicomanías o alguna situación grave de emergencia).
- Centros de atención a las mujeres de las comunidades autónomas.
- Unidad de equipos de mujeres y menores de la Guardia Civil (EMUME).
- Unidad de atención a la familia y mujer (Policía Nacional).
- Servicio de asistencia a mujeres víctimas de violencia de género.
- Ayuda a las víctimas del delito. Oficina de atención a las víctimas de delitos violentos y contra la libertad sexual.
- Servicio de información telefónica gratuita.

- Centros de documentación.
- Puntos de encuentro.
- Servicios de mediación familiar.
- Servicios de información sexual.

Actividades

12. ¿Es lo mismo un mapa que una guía de recursos? Justifique su respuesta.
13. ¿Es necesario incluir los recursos que aporta el tejido asociativo? Justifique su respuesta.

Aplicación práctica

En la siguiente guía de recursos para la atención de la violencia de género publicada en Asturias para los profesionales que atienden esta área, determine lo siguiente:

1. **Cómo se podría mejorar la guía.**
2. **Qué aspectos, respecto a su actualización se debería tener en cuenta.**

Esquema del contenido de la Guía de Recursos para la violencia de género en Asturias.

- ***¿Qué es la violencia de género?***
- ***Tipologías y características***
- ***Claves para la intervención en materia de violencia de género***
- ***Recursos, Información y Asesoramiento***
  - ***Atención e información telefónica especializada***
  - ***Centros Asesores de la Mujer (CAM)***

- ***Recursos de casas de acogida***
- ***Recursos de atención psicosocial***
- ***Oficinas de asistencia a las víctimas de delitos violentos y contra la libertad sexual***
- ***Asistencia jurídica***

Continúa en página siguiente >>

<< Viene de página anterior

- *Recursos de protección*
  - *Servicio de atención a la familia (SAF)*
  - *Equipo de mujer y menor (EMUME)*
  - *Servicio de teleasistencia*

- *Ayudas:*
  - *Laborales y de acceso al empleo*
  - *Salario social básico*
  - *Ayudas económicas de pago único*
  - *Ayudas a personas físicas para la protección social y económica de familias, menores y jóvenes*

- *Ayudas de emergencia:*
  - *Económicas*
  - *Ayudas al alquiler de vivienda*
  - *Viviendas de emergencia*
  - *Medidas de preferencia a viviendas de protección oficial*

SOLUCIÓN

1. Respecto a las mejoras de la guía, se detectan lo siguiente:
   - Es necesario incluir listado de asociaciones o entidades privadas que presten ayuda en esta área. La ayuda de la red de participación ciudadana es un recurso de gran valor que no puede obviarse en una guía de recursos.
   - No existe un apartado que explique los autores, entidad y objetivos de la realización de la guía.
   - Tampoco incluye ningún apartado explicativo de utilización de la propia guía.
   - La guía está solo clasificada por tipos de recursos. Sería interesante aportar una segunda clasificación por áreas geográficas para un mejor acceso a los recursos.

2. Es cierto que la elaboración de una guía de recursos es un esfuerzo para cualquier entidad, por ello es preciso marcar períodos reducidos de actualización y mantener un canal de comunicación abierto para facilitar las actualizaciones de las guías de recursos.

7. Estrategias para la clasificación de la información y elaboración de protocolos de atención

Las diferentes situaciones, problemáticas o necesidades que se plantean en los escenarios de intervención social hace imposible establecer un protocolo único y una guía exclusiva de intervención que recoja los procedimientos, recursos y servicios de una forma integral. Por ello, se hace necesaria la elaboración de protocolos adaptados a la intervención en particular.

Antes de iniciar la atención social de las personas usuarias en el entorno de la intervención, es necesaria la planificación de los procesos, herramientas y modelos para su correcta aplicación. Es necesario disponer de soportes en formato documentales para poder sistematizar, organizar y gestionar de forma adecuada toda la información que se maneja en una intervención con personas usuarias.

Es necesario distinguir dos planificaciones distintas:

- El diseño de documentos modelos para la recogida de información.
- El diseño de procedimientos que guíen la intervención o protocolos.

La correcta intervención profesional implica no solo una aplicación de protocolos de atención, sino que debe ser capaz de entender qué está comunicando la persona usuaria y qué tipo de intervención está requiriendo del/la profesional.

Es necesario distinguir entre dos conceptos dentro de la atención e intervención, relevantes para la aplicación de protocolos con las personas usuarias:

- **Información a las personas usuarias:** prestar información a las personas usuarias supone, exclusivamente, transmitir un conocimiento concreto bajo una petición. Un ejemplo sería informar a una usuaria del horario de atención o de la documentación necesaria para una ayuda.
- **Asesoramiento:** implica además incorporar una ayuda o recomendación, en base a un estudio previo de las características, necesidades y demandas de la persona.

Prestar atención a esta diferencia es clave para una adecuada aplicación de protocolos. La/el profesional no es solo mero distribuidor de recursos, sino que debe estudiar qué necesidades tiene la persona para aplicar en cada caso las intervenciones adecuadas.

La información es necesaria y está contemplada en la intervención, como parte del protocolo, pero además, debe establecerse, dentro del protocolo, mecanismos para determinar si es preciso informar o asesorar mediante una investigación previa de necesidades, a las personas usuarias. Todos estos parámetros deben estar recogidos en el protocolo.

7.1. Diseño en la recogida de información

El diseño de documentos modelos para la recogida de información se refiere a todos los documentos que permitan ordenar, sistematizar y determinar toda aquella información que es necesaria recoger de las/ los usuarias/os para proporcionarles una correcta atención. Todos estos documentos forman el llamado expediente, que ayuda en la recopilación de la información y en su posterior recuperación.

Estos documentos deben estar diseñados con anterioridad, no improvisados posteriormente, para servir de guía al profesional para contemplar toda la información necesaria. Más allá de ser un lastre burocrático, el expediente es una excelente herramienta que lleva a la eficacia y eficiencia de la intervención.

De forma general, se harán unos apuntes de la información que se contempla en este tipo de documentos. Esta información incluiría aspectos como:

- Datos personales.
- Ámbito de la unidad familiar.
- Ámbito socioeconómico.
- Datos formativos/laborales.
- Datos del hábitat.
- Datos sobre la problemática por la que acude.
- Ámbito de la salud.
- Inquietudes, necesidades, problemas, limitaciones, etc.

Igualmente, el expediente debe recoger la información que se vaya generando como consecuencia de la intervención:

- El diagnóstico.
- Los objetivos planteados.
- La planificación de las acciones en el tiempo.
- La aplicación de los recursos o servicios adecuados.
- Su evolución.
- La evaluación continua.
- El impacto.
- Evaluación final.
- Etc.

Definición

Intervención
Conjunto de acciones encaminadas a la transformación positiva de la realidad social de las personas.

El diseño de cada formulario, historia social o ficha social, debe ser planteado en función de las necesidades de información de la problemática concreta, tratando de realizar un diagnóstico lo más completo posible de la realidad de la situación de la persona usuaria, sin caer en los excesos, pero contemplando todos aquellos datos o información precisa que ayude al diagnóstico de la situación.

En el expediente es necesario incluir todos aquellos impresos, solicitudes que son necesarios rellenar para el acceso a un recurso o servicio concreto. A diferencia de los anteriores, este formato no está diseñado por el/la profesional, sino por el organismo responsable del recurso o servicio.

También, es necesario tener en cuenta que, como se dijo en el apartado dedicado al registro de información, es necesario respetar el Reglamento (UE) 2016/679 y la LOPDGDD y obtener un consentimiento informado, tanto para la recogida de información como para el consentimiento de uso del recurso o servicio, el secreto profesional, y debe estar diseñado desde la perspectiva de género como herramienta para detectar desigualdades.

Importante

La documentación para el registro de la información debe sistematizar todos los aspectos esenciales necesarios para la intervención y para la elaboración de un diagnóstico social.

7.2. Diseño del protocolo

Por otro lado, se verá el diseño de procedimientos que guíen la intervención o protocolos. En este apartado se refiere al diseño de la intervención en cuanto a procesos. Es decir, la necesidad de estandarizar todos los pasos que deben seguirse en la intervención social o lo que se conoce como protocolo.

Es importante señalar que la intervención normalmente precisa la actuación de diferentes profesionales, formando un equipo multidisciplinar. En este sentido los protocolos cobran una especial relevancia en cuanto a la hora de coordinar, unificar y dirigir de una forma homogénea el trabajo de todas las personas que intervienen en un mismo caso. El protocolo es un nexo de unión que encuadra los objetivos de equipo y guía sus acciones.

De forma genérica la funcionalidad de los protocolos viene marcada por:

- Establecer las normas que regulen las acciones.
- Disminuir la variabilidad en las formas de atención.
- Aumentar la calidad de la intervención.

- Sirve como fuente de información, en cuanto que contempla los mecanismos, pautas, aplicaciones y herramientas que deben aplicarse en la intervención.
- Es sin duda, un facilitador del trabajo para los y las profesionales.

Un protocolo de atención social debería contener la siguiente estructura y contenido:

- La fecha de creación y renovación (el protocolo debe actualizarse para incluir los avances, normativas, recursos u otros cambios que se produjeran en cuanto a la materia que se recoge en la intervención).
- Debe contemplar los autores.
- Introducción donde se justifiquen los motivos por los que se precisa el protocolo.
- Definiciones de todas aquellas técnicas, conceptos o procesos que necesiten de una conceptualización.
- Los objetivos del protocolo, tanto generales como específicos.
- El ámbito de aplicación, especificando tanto a las/los profesionales a los que va dirigidos como al área específica que se quiere protocolizar.
- Sería adecuado la especificación de la normativa marco que ha regulado la creación del protocolo.
- Debe incluir la población a la que se dirige la intervención.
- Como parte central del protocolo se encuentra el procedimiento. En este apartado se recogen todas las actuaciones que se quieren regular, su metodología, formas de actuación, recursos que se aplican, servicios, etc. Este apartado suele estar dividido por etapas de intervención que podrían generalizarse en:

    - Etapa de acogida
    - Etapa de diagnóstico
    - Etapa de intervención
    - Etapa de evaluación continua
    - Etapa de evaluación final

Se establecen aquí las herramientas, sus usos determinados, los recursos y servicios disponibles, la forma de acceso a los recursos, las pautas de derivación, coordinación o valoración, se especifica la documentación de registro de información, las actitudes, comportamientos de las/los profesionales, en la atención a los usuarios y los procedimientos específicos de cada fase.

Es preciso que quede recogido el paso a paso, de una forma ordenada y secuencial de la atención en todas sus fases:

- Se debe incluir, al final del protocolo una referencia bibliográfica.
- Y por último, se recogen los anexos donde se pueden incluir modelos de las herramientas, formularios, material de apoyo, etc.

Importante

Un protocolo es una guía que recoge todos los procedimientos de la intervención de forma que, permite estandarizarlos y homogenizar su puesta en práctica para hacer posible la transferencia a otros profesionales.

Actividades

14. ¿Es el protocolo una herramienta que facilita el trabajo de las/los profesionales o considera que lo burocratiza en exceso? Justifique su respuesta.
15. ¿Significa la homogeneidad en el trabajo que busca que todas y todos deben trabajar igual? Justifique su respuesta.

Aplicación práctica

Imagine que acude una mujer a un Centro de Atención a la Mujer de una comunidad y expone al profesional que le atiende, que acudió al centro a recibir información de las ayudas económicas que hay vigentes porque se encuentra en una situación de desempleo, ella y su pareja, que tienen dos hijos en edad escolar y no tiene a nadie que les ayude.

1. **¿Cuál sería la actuación profesional correcta? ¿Sería correcto que se le informara de esos recursos que solicita? Razone la respuesta.**
2. **¿En qué fase del protocolo cree que se encuentra el caso?**

SOLUCIÓN

1. Para este caso la actuación profesional correcta no sería facilitar esta información que de primera instancia está solicitando la usuaria. A pesar de que ella solicita información, es un caso que precisa de información y asesoramiento. Para facilitar el asesoramiento correspondiente a esta situación es necesario establecer primero un diagnóstico de la situación, para lo que es preciso una recogida previa de información. Es necesario abrir un protocolo de atención en el que se comenzará con una fase de estudio del caso.
2. Este caso se encuentra en fase de acogida.

8. Establecimiento y actualización periódica de canales para la atención y derivación a la población

Para la creación de mapas y guías de recursos en igualdad, los/las profesionales de la intervención deben conocer cada uno de estos recursos y sus procedimientos de utilización y acceso, como se ha visto en apartados anteriores. Pero para la creación de estos mapas es necesario establecer una relación, a través de canales fluidos de comunicación, con los diferentes organismos públicos o privados que gestionan dichos recursos o servicios.

Como ya se ha visto, es importante establecer redes de relación, canales fluidos de comunicación con el entorno de intervención y con los grupos de interés.

En este caso, los recursos disponibles para las personas usuarias de la intervención, en muchas ocasiones no son propiedad de la entidad, sino que esta se convierte en mera gestora de los recursos, debiendo adaptarse a las normativas, instrucciones y requisitos impuestos por los propietarios de los recursos.

Si se pretende dar una respuesta integral a la atención de la igualdad, es imposible poseer todos los recursos necesarios, por ello, es conveniente trabajar en red con entidades, organismos, grupos sociales, públicos y privados, que aporten las herramientas necesarias en materia de igualdad.

También, es necesario establecer vías de relación e información con los organismos proveedores de recursos y servicios, en miras de una actualización correcta tanto de la vigencia de los mismos como de cualquier cambio o mejora incluida.

Recuerde

Reconocer, delimitar y establecer canales de comunicación con los grupos de interés son claves para la correcta intervención. La entidad de intervención social en ningún caso puede ser un ente aislado.

Para canalizar, guiar y estructurar las vías de relación y sus particularidades es necesario estructurar un **itinerario de relación,** esquematizado y estructurado que contenga al menos los siguientes contenidos:

- Persona y datos de contacto.
- Vías o medios de relación.
- Persona responsable del contacto.
- Objetivos.
- Contenidos, recursos o información que presta.
- Temporización de los contactos.

La igualdad de género, el empoderamiento de la mujer, la erradicación de las desigualdades de género y la violencia de género, la incorporación de políticas y estructuras públicas que integren de forma transversal la perspectiva de género son cuestiones fundamentales que las/los profesionales deben manejar. Es necesario estar informados de los avances, mejoras y normativas tanto nacionales como internacionales que guíen la práctica profesional. Así como es necesario, conocer los recursos y herramientas que se ponen a disposición de las acciones en materia de igualdad. Por ello, es fundamental que se conozcan los organismos a nivel mundial, europeo, nacional, autonómico y local en materia de igualdad.

8.1. Organismos e instituciones de igualdad mundiales y europeos

El compromiso con la igualdad de género es reconocido a nivel mundial y de esta forma se muestra en los distintos organismos surgidos en defensa de los derechos de mujeres y hombres, en materia de reconocimiento de la igualdad y lucha contra cualquier tipo de discriminación por razón de sexo. De igual forma, estos organismos luchan por la incorporación de la perspectiva de género en todas las actuaciones públicas como mecanismo de visualización de la mujer y agotamiento de la perspectiva androcentrista.

Comisión de la Condición Jurídica y Social de la Mujer (CSW)

La Comisión de la Condición Jurídica y Social de la Mujer es un organismo dedicado exclusivamente a la promoción de la igualdad de género y el empoderamiento de la mujer. Fue constituido en la resolución 11 (II), de 21 de junio de 1946, y es el principal órgano internacional dedicado en exclusiva a la mujer.

Esta comisión tiene como papel fundamental el seguimiento y revisión de los avances y las dificultades que acontezcan en la implantación de la Declaración y Plataforma de Acción de Beijing.

Esta comisión de trabajo sobre igualdad sienta las bases de acción en esta materia, guiando a organismos internacionales, europeos y estatales en las acciones en materia de igualdad.

ONU Mujeres

Fue constituida en julio de 2010 por la Asamblea General de las Naciones Unidas, para la igualdad de género y el empoderamiento de las Mujer. Este organismo de ámbito internacional fusiona el trabajo de cuatro entidades de la ONU que estaban centradas en la igualdad y el empoderamiento de las mujeres, como son:

- La división para el Adelanto de la Mujer (DAW).
- Instituto Internacional de Investigaciones y Capacitación para la Promoción de la Mujer (INSTRAW).
- Oficina del Asesor Especial en Cuestiones de Género (OSAGI).
- Fondo de Desarrollo de las Naciones Unidas para la Mujer (UNIFEM).

Las principales funciones de ONU Mujeres son:

- Dar apoyo a entidades en materia de políticas y normativas mundiales.
- Asistir a los Estados Miembros de las Naciones Unidas en cuanto a apoyo técnico, económico o asesoramiento en materia de igualdad.
- Funciones de coordinación del trabajo de Naciones Unidas en materia de género.

Convención sobre la Eliminación de toda forma de Discriminación contra la Mujer (CEDAW)

Declaración de derechos Internacional de las Mujeres de los Estados Miembros de las Naciones Unidas, que constituye la base de sustento de las políticas y acciones en materia de igualdad en el ámbito Internacional. Mediante este tratado los estados miembros se comprometen a establecer una serie de medidas cuyo objetivo sea la erradicación de las desigualdades por razón de sexo y la promoción de la igualdad de mujeres y hombres. Para ello, los estados miembros se comprometen a:

- Implantar el principio de igualdad.
- Constituir entidades públicas que garanticen la protección de la mujer frente a las desigualdades.

- Se comprometen a erradicar cualquier forma de discriminación por razón de sexo.

Todos los países adheridos a este tratado deberán presentar, al menos cada cuatro años, informes nacionales sobre las medidas que hayan adoptado para cumplir con las obligaciones del tratado. El CEDAW supervisará las medidas para que estén adaptadas a las exigencias del acuerdo, aunque ello suponga cambios estructurales, legales o cuantos fueran necesarios para erradicar cualquier forma de discriminación por razón de sexo.

Instituto Europeo de la Igualdad de Género (EIGE)

El Instituto Europeo de la Igualdad de Género está constituido como organismo independiente de la Unión Europea. El papel fundamental para el que fue constituido el Instituto es abordar *los desafíos de y promover la igualdad entre mujeres y hombres* para apoyar las políticas e integración de la igualdad y luchar contra las desigualdades por razón de sexo a los diferentes estados miembros de la Unión Europea.

Asimismo, aporta información estratégica y conocimiento de calidad para la Comisión Europea, el Parlamento Europeo, los estados miembros, donde se analiza, estudia y recaba información sobre sus conclusiones para la sensibilización de la población europea en materia de desigualdad.

Nota

En materia de asesoramiento especializado la UE cuenta con estos otros organismos, SAAGE (Red Europea de Expertos sobre Igualdad de Género) y EQUINET (Red Europea de Organismos para la Igualdad).

8.2. Organismos estatales

A nivel estatal, el órgano por excelencia es el **Ministerio de Igualdad.** Entre sus funciones está el desarrollo de las normas legales encaminadas a asegurar la igualdad de trato y oportunidades entre mujeres y hombres, la participación efectiva de las mujeres, y la prevención y eliminación de todo tipo de violencia contra la mujer. Su página web se enlaza con los distintos organismos autónomos en materia de igualdad, la Dirección General para la Igualdad real y efectiva de las personas LGTBI+, la Delegación del Gobierno contra la Violencia de Género, la Dirección General para la Igualdad de Trato y No Discriminación y contra el Racismo y el Instituto de las Mujeres.

Instituto de las Mujeres

El Instituto de las Mujeres es un organismo autónomo con adscripción al ministerio competente en igualdad. Se creó con la finalidad última de fomentar la igualdad de mujeres y hombres y potenciar la participación de las mujeres en la vida política, social, económica y cultural.

Sabía que...

El Instituto de la Mujer fue constituido en la Ley 16/1983, de 24 de octubre, como Organismo Autónomo, promotor de las políticas de Igualdad del Gobierno.

Las funciones del Instituto de las Mujeres son:

- Realizar estudios sobre la situación de la mujer en España.
- Recabar información útil sobre la situación de la mujer en España (Publicación de Mujeres en Cifras).
- Impulsar las medidas en materia de igualdad.
- Prestar apoyo e información al gobierno para la aplicación de políticas de igualdad.

- Gestionar los recursos que le son asignados por el gobierno para el cumplimiento de sus fines.
- Establecer relaciones con organismos que trabajan por la promoción de la igualdad de carácter autonómico y local.
- Canalizar las denuncias en materia de discriminación por razón de sexo.
- Llevar a cabo distintas actividades encaminadas a la consecución de los fines para los que fue creado.
- Ofrecer una amplia selección de recursos a los que se puede tener acceso *online.*

Unidades de Igualdad

Las Unidades de Igualdad surgen en el marco de la aprobación de la Ley Orgánica 3/2007 para la Igualdad Efectiva de Mujeres y Hombres, donde se establece la creación de dicho órganos. En su artículo 77 se anota:

> *En todos los Ministerios se encomendará a uno de sus órganos directivos el desarrollo de las funciones relacionadas con el principio de igualdad entre mujeres y hombres en el ámbito de las materias de su competencia.*

Las Unidades de Igualdad tienen como objetivos el coordinar todas las acciones en materia de igualdad en los Ministerios, así como ayudar a otras unidades dentro del Ministerio a aplicar las políticas de igualdad en sus acciones de forma transversal y medición de los resultados y elaboración de informes técnicos.

Actividades

16. ¿Existe una Unidad de Igualdad en el Ministerio de Defensa?
17. ¿Los organismos de ámbito estatal deberían estar contemplados en el itinerario de relación?

8.3. Organismos a nivel autonómico

El estado ha derivado las políticas y acciones en materia de igualdad a las comunidades autonómas.

De forma general, los diferentes organismos autonómicos establecen con la finalidad de promocionar y fomentar la igualdad de mujeres y hombres, la promoción de la participación de la mujer en todos los ámbitos de la vida política, social, económica y cultural, la erradicación de las desigualdades por razón de sexo, la prevención y erradicación de la violencia de género y la disposición de recursos que permitan la integración de la mujer.

Cada comunidad autónoma ha creado un organismo de igualdad independiente y adscrito a diferentes consejerías. A continuación se mostrará un listado:

- Dirección General de la Mujer de Castilla y León.
- Dirección General de Igualdad y contra la Violencia de Género de la Comunidad de Madrid.
- Dirección General de Igualdad y del Instituto de las Mujeres de la Generalitat Valenciana.
- Centro Asesor de la Mujer de La Rioja.
- Instituto Vasco de la Mujer (EMAKUNDE).
- Instituto Navarro para la Igualdad.
- Instituto Andaluz de la Mujer.
- Instituto Aragonés de la Mujer.
- Instituto Asturiano de la Mujer.
- Instituto Canario de Igualdad.
- Instituto Catalán de las Mujeres.
- Instituto Balear de la Mujer (IBDONA).
- Dirección General de Mujer y Prevención de la Violencia de Género de Murcia.
- Secretaría General de Igualdad de Galicia.
- Dirección General de Inclusión Social, Familias e Igualdad de Cantabria.
- Instituto de la Mujer de Castilla La Mancha.
- Instituto de la Mujer de Extremadura.
- Centro de la Mujer de Melilla (CEM).
- Centro Asesor de la Mujer de Ceuta.

Actividades

18. Localice el organismo de igualdad correspondiente de su comunidad autónoma.
19. Describa cómo acceder al organismo de igualdad de su comunidad autónoma y cuáles son sus recursos.

8.4. Estructuración de organismos e instituciones de igualdad

En un análisis de las funciones de los diferentes organismos surgidos en materia de igualdad, se podría hacer una clasificación teniendo en cuenta un aspecto relevante para su funcionalidad dentro de la intervención en materia de género.

Por un lado se encuentran todos aquellos organismos que aportan una base estructural y metodológica, un marco normativo y las directrices para guiar la práctica. En esta clasificación se encuentran los organismos mundiales, europeos, los organismos estatales y autonómicos:

- La IV Conferencia Mundial sobre la Mujer, llevada a cabo en Beijing, en 1995, es considerada el mayor instrumento de análisis y supone la incorporación de *mainstreaming* de género, como perspectiva para la igualdad de mujeres y hombres.
- Por su parte, la Unión Europea, en el Tratado de Ámsterdam, 1997, recogen también la necesaria aplicación de la perspectiva de género en todas las políticas, acciones y organismos públicos.
- En la Ley Orgánica 3/2007, de 22 de marzo, de Igualdad Efectiva de Mujeres y Hombres, se recoge la necesidad de crear, por parte del gobierno, los Planes Estratégicos de Igualdad de Oportunidades, en donde se incluyen medidas que lleven a la obtención de la eliminación de la discriminación por razón de sexo. El último plan aprobado por el Ministerio de Igualdad es el III Plan Estratégico para la Igualdad Efectiva de Mujeres y Hombres 2022-2025 (PEIEMH) en el que se incluye las políticas en materia de igualdad.

- Asimismo, la Ley Orgánica de 3/2007 de 22 de marzo, para la Igualdad Efectiva de Mujeres y Hombres, es el resultado de las exigencias de la Unión Europea a todos los Estados Miembros de adaptar su legislación y acciones a las nuevas directrices y perspectivas europeas.
- La descentralización de las políticas de igualdad, que en España están en su mayoría derivadas a las comunidades autonómicas es otra de las exigencias de los acuerdos europeos. Varias comunidades autonómicas cuentan ya con sus Leyes de Igualdad, como son Andalucía, Castilla - León, Comunidad Valenciana, Galicia, Islas Baleares, Murcia, Navarra, País Vasco, etc.
- La Autoridad Independiente para la Igualdad de Trato y la No Discriminación se crea en el ámbito de la administración del estado, como órgano de protección frente a la discriminación. Está regulada por el Título III de la Ley 15/2022, de 12 de julio, en el que se indica que en el plazo de seis meses estará disponible su estatuto.

Por otro lado, se encuentran los organismos locales, las entidades privadas, ONG, entidades sin ánimo de lucro, etc. Estos organismos ejercen una labor más centrada en la atención e información, elaboración de programas y proyectos, o en el caso de las Corporaciones Locales, a través de las Concejalías de la Mujer, diseñan políticas municipales, aprobando sus propios instrumentos para promover la igualdad.

Las funciones u objetivos de todos ellos, están más encaminados a dar cobertura y atención a las personas usuarias. En la creación de programas y proyectos, en la intervención con las personas usuarias y en sus objetivos, herramientas y procedimientos, queda ajustado a los acuerdos y normativa mundiales, europeas, estatales o autonómicas.

Por ello, se puede concluir que el primer grupo de entidades u organismos forman parte de la creación, planificación y estructuración, normativa, metodología e ideología. Mientras que el segundo grupo, está formado por las entidades y organismos de intervención.

Es necesario también, resaltar el papel de las entidades locales, organizaciones sin ánimo de lucro o sindicales en su lucha a favor de la defensa de los derechos de mujeres y hombres, que han sido la base constructora de las políticas y perspectivas que hoy se promulgan a nivel mundial. Sin la incansable lucha de las entidades locales, no gubernamentales y sin ánimo de lucro, muchas de las políticas actuales no se habrían alcanzado.

La atención a la discriminación por razón de sexo y el fomento de la igualdad entre mujeres y hombres, es un tema prioritario para el gobierno y está descentralizado a cada comunidad autónoma. Esta descentralización refuerza la atención personalizada, integral y específica a cada persona usuaria.

Por ello, se ha puesto a disposición, una serie de recursos y servicios, que dan cobertura a la población de una forma integral. Todos estos recursos y servicios, que se vieron en el apartado 6 dedicado a los mapas de recursos, están canalizados a través de los centros asesores y de información a la mujer, existentes a nivel local. Se obtiene así, una guía más enfocada y personalizada, que informará sobre los diferentes recursos y servicios necesarios para atender las necesidades específicas de cada persona usuaria. A través de los centros asesores y de información se atienden sobre los diferentes ámbitos jurídicos, orientación profesional y empleo, servicios sociales, salud y planificación familiar y asociacionismo.

9. Resumen

La aplicación de la perspectiva de género debe ser un compromiso adquirido por la entidad que quede reflejado en todas las acciones, estructuras y mecanismos de forma transversal a las acciones que se lleven a cabo. La intervención debe asumir este compromiso y adaptar todas las estructuras, procedimientos y protocolos a la intervención con perspectiva de género.

Como primer eslabón del proceso, el registro de la información es un elemento clave que debe ser útil para recabar información pertinente para la detección de desigualdades. Estos registros deben realizarse respetando el Reglamento (UE) 2016/679 y la LOPDGDD, los criterios de confidencialidad y secreto profesional como se recoge en el Código Deontológico de los trabajadores del ámbito social.

En los entornos de intervención, es imprescindible establecer y mantener cauces de comunicación con los diferentes grupos de interés y proveedores de recursos y servicios, para crear las herramientas, metodologías y procesos de intervención, así como aportar información clave para dar respuestas a las necesidades de las personas usuarias. En este sentido, los mapas y guías de recursos aportan una herramienta útil para la atención a las personas usuarias pero que no pueden convertir a los/las profesionales en meros suministradores de recursos a través de la información de los mismos, sino que es preciso analizar, diagnosticar y determinar necesidades, estableciendo la participación y la comunicación vincular como mecanismos de transformación social.

Ejercicios de repaso y autoevaluación

1. Señale si las siguientes afirmaciones son verdaderas o falsas.

a. EL código deontológico recoge los procedimientos que son necesarios respetar en materia de LOPDGDD.

- ☐ Verdadero
- ☐ Falso

b. Los mapas y guías de recursos deben ser elaborados por las comunidades autónomas y son de aplicación local.

- ☐ Verdadero
- ☐ Falso

c. El Instituto de las Mujeres fue constituido en la Ley 16/83, de 24 de octubre, como promotor de las políticas de igualdad del gobierno.

- ☐ Verdadero
- ☐ Falso

2. Relacione cada concepto con su definición.

a. Efectividad
b. Eficiencia
c. Eficacia

__ Optimación de los recursos
__ Logro de los objeticos propuestos
__ El logro de los resultados con la máxima optimación de los recursos

3. La Ley para la Igualdad Efectiva de Mujeres y Hombres...

a. ... es la Ley Orgánica 2/2007, de 23 de marzo.
b. ... es la Ley Orgánica 2/2007, de 3 de marzo.
c. ... es la Ley Orgánica 3/2007, de 22 de marzo.
d. ... es la Ley Orgánica 3/2007, de 23 de mayo.

4. **Busque en la siguiente sopa de letras las siglas de los seis organismos internacionales que trabajan a favor de la mujer.**

E	A	E	S	E	G	T	E
Q	C	S	A	A	G	E	L
U	W	R	S	T	E	E	I
I	C	S	W	A	I	T	W
N	I	C	E	D	A	W	P
E	O	A	O	E	I	G	E
T	I	N	A	P	Q	A	W

5. **¿Qué es el secreto profesional?**

____
____
____
____

6. **Complete la siguiente oración.**

Para el registro de información útil en materia de género es necesario incluir en el registro de información la variable _________ y la _____________ de todas las variables para conocer el impacto en el género de cada una de ellas.

7. **¿Qué son los grupos de interés?**

____
____
____
____

8. ¿Qué habilidades de comunicación son facilitadoras de la retroalimentación?

a. La asertividad y la autoestima.
b. La resiliencia y la escucha activa.
c. La empatía.
d. Todas las opciones son correctas.

9. Indique cuál de las siguientes características no son necesarias en la comunicación efectiva.

a. El mensaje sea entendido por el receptor.
b. El mensaje sea visible por el receptor.
c. La información llegue de una forma clara.
d. La información llegue de una forma entendible.

10. ¿Qué son las Unidades de Igualdad?

____
____
____
____

Glosario

Androcentrismo
Visión del mundo y de las relaciones sociales centradas en el punto de vista masculino.

Asertividad
Capacidad de las personas de expresar, defender sus propios pensamientos, creencias, derechos y actitud ante la vida, actuando de forma consecuente con ellos y respetando a los demás.

ATL y BTL
David Ogilvy trazó una línea sobre papel para diferenciar la publicidad por encima de la línea y la denominó publicidad above the line (ATL) para referirse a la publicidad que utiliza medios masivos de publicidad (mass media), y situó por debajo de la línea a below the line (BTL) refiriéndose a lo no masivos.

Barrera
Obstáculo o impedimentos que dificultan o impiden la comunicación.

Brecha digital de género
Desigual distribución y acceso a los avances y nuevas tecnologías de la información.

Canales
Vías de comunicación por las que viajan las señales portadoras de información.

Código deontológico
Documento en el que se recogen los principios, valores y normas que han de guiar el ejercicio de la profesión.

Comunicación
Proceso por el cual los seres humanos se relacionan entre sí, compartiendo ideas, pensamientos, experiencias y situaciones.

Comunicación externa
Comunicación que se produce de la organización hacia fuera, hacia el exterior de la organización.

Comunicación interna
Comunicación que se produce entre los integrantes de un grupo u organización.

Consentimiento informado
Es un documento a través del cual se informa a la persona usuaria de que se están recogiendo datos personales, sus datos van a ser cedidos o se le va a prestar un servicio. En cualquier caso se le debe informar verbalmente del contenido del documento que va a firmar.

Columnas Skyscraper
Pieza de gran tamaño que permite colocar una gran cantidad de información en un emplazamiento muy visible y de fácil acceso para el usuario/a.

Comunicación vincular
Visión de la comunicación que trata de crear vínculos con la comunidad, encuentros y diálogos a través de la participación.

Datos cualitativos
Aporta información valiosa sobre aptitudes, pensamientos, gustos, ideas, etc., de las personas y son difícilmente cuantificables.

Datos cuantitativos
Es información que puede medirse numéricamente, se puede cuantificar.

Datos segregados
División de una variable en hombre y mujer para su análisis.

Dimensión compensatoria del principio de igualdad
Políticas y acciones dirigidas a beneficiar los colectivos que normalmente se encuentran sometidos a desigualdades.

Disonancia
Consiste en crear sentimientos desagradables en el receptor y posteriormente poner a su disposición una solución a esta situación no deseada.

Disuasión
Estrategia propia del mercadeo social cuya estrategia está orientada a cambios de comportamientos orientados a que el público objetivo no realice acciones concretas perjudiciales para ellos o la sociedad.

Efectividad
Logro de los objetivos propuestos con la máxima optimación de los recursos.

Eficacia
Logro de los objetivos propuestos.

Eficiencia
Optimación de los recursos disponibles.

Eslogan
Son los mensajes resumidos en una frase clave que contenga la esencia de la comunicación. Este mensaje o eslogan debe ser breve, conciso, impactante, atractivo, ajustado al lenguaje del público objetivo y exclusivo.

Estereotipo de género
Construcciones sociales de desigualdad o ideas preconcebidas asociadas a mujeres y hombres sobre las características, capacidades, deseos, aspiraciones, funciones, etc.

Estrategia
Es un proceso regulable, conjunto de las reglas que aseguran una decisión óptima en cada momento.

Ficha social
Documento donde se plasma la extracción y sistematización de los datos de la historia social.

Fuente de información
Todo aquello que contiene datos susceptibles de ser útiles para satisfacer una necesidad de información.

Género
Creación social del hecho de ser mujer u hombre y la desigual relación que se establece entre ambos.

Grupo focal
Técnicas de investigación consistente en reunir a un grupo reducido de personas que tienen en común situaciones o problemas para la obtención de información.

Historia social
Documento de recogida de información en la intervención social.

Igualdad formal
Reconocimiento del derecho a la igualdad de trato y de no discriminación recogidos en las leyes y normativas.

Igualdad real o igualdad efectiva
Situación libre de discriminaciones conseguida por intersección entre la igualdad formal y la intervención sobre las situaciones de desigualdad.

Imagen
Figura o representación gráfica visual de una persona, cosa o situación sobre un soporte, que puede ser papel, cartel, película, un soporte digital, etc.

Información útil para el género
Toda la información que genere información y datos que ponga de manifiesto las diferentes posiciones que hombres y mujeres ocupan en las relaciones sociales.

Informantes claves
Representantes formales o informales de grupos sociales.

Informe social
Documento donde se plasma la valoración o juicio profesional en la intervención social.

Intereses estratégicos
Son los focos de atención estratégicos para la lucha contra las desigualdades de género.

Lenguaje
Herramienta de la comunicación para la transmisión de cultura, pensamiento, ideas o emociones.

Lenguaje sexista
Todo aquel mensaje que supone una discriminación por razón de sexo.

Mapas de recursos
Recopilación de forma esquemática y estructurada por zona geográfica de los medios humanos, materiales, técnicos, económicos, institucionales, etc., para cubrir necesidades concretas de un ámbito de actuación dado.

Masculino genérico
En el lenguaje es el uso del género masculino para representar a los dos sexos.

Mass media
Medios de comunicación masivos.

Medios de comunicación
Son herramientas usadas por la sociedad para informar y difundir mensajes en formato de texto, sonoro, visual o audiovisual.

Mensaje
Elemento de la comunicación consistente en la información que se desea transmitir.

Metamensaje
Toda comunicación lleva solapado otros mensajes secundarios, intencionados o no, diferentes del mensaje principal.

Mupi
En publicidad, los paneles verticales luminosos instalados en las aceras.

Necesidades prácticas de la mujer
Necesidades que son el resultado de sus funciones o roles tradicionales de la sociedad androcentrista.

Necesidades sociales
Carencia que registra un grupo de personas y que es susceptible de ser satisfecha.

Opi
Columnas publicitarias con servicios públicos añadidos.

Participación
Tomar partido en la consecución de los objetivos planteados en los que se ha asumido un compromiso.

Perspectiva de género
Visión crítica que tiene en cuenta de forma sistemática las diversidades entre las diferentes condiciones, situaciones y necesidades de mujeres y hombres, teniendo en cuenta las diferentes características, ideas, pensamientos y expectativas de ambos.

Persuasión
Estrategia comercial de venta cuya finalidad es conseguir cambios de comportamientos orientados a la compra de productos o servicios.

Pirámide de Maslow
Clasificación de las necesidades en cinco grupos o niveles estableciendo una jerarquía, dichos grupos son la fisiología, la seguridad, la afiliación, el reconocimiento y la autorrealización.

Plan de comunicaciones
Para formalizar de manera estratégica la comunicación a través del mercadeo social se valen del plan de comunicaciones. Es un documento que recoge las políticas, estrategias, recursos, objetivos y acciones tanto internas como externas que se pretenden implementar en una organización social.

Principio de confidencialidad o secreto profesional
Obligación por parte del/la profesional a guardar silencio sobre la información derivada de su profesión.

Principio de igualdad real
Equiparar derechos y condiciones entre mujeres y hombres, con el objeto de conseguir una situación real de igualdad plena de todas las personas.

Público objetivo o diana
Grupo de personas objeto de las acciones de mercadeo social.

Resiliencia
Capacidad de las personas a abordar las circunstancias y vivencias traumáticas o especialmente duras de una manera constructiva y positiva.

Retroalimentación
En los procesos de la comunicación se considera como el mensaje de vuelta que el receptor envía al emisor en respuesta del mensaje recibido.

Sexo
Hace referencia a las diferentes características fisiológicas y anatómicas de mujeres y hombres.

Sobreespecificación
Atribuir como especifico de un género (normalmente femenino) hechos, intereses, problemas o situaciones que afectan a ambos.

Sobregeneralización
Uso genérico de lo masculino para representar a la totalidad de la población.

Soportes
Los soportes publicitarios son las diferentes opciones que se tienen para realizar publicidad en cada uno de los medios de comunicación que existen.

TIC
Conjunto de tecnología que permite acceder, crear, tratar y comunicar información utilizando diferentes códigos como pueden ser textos, imágenes o sonidos.

Transversalidad o *mainstreaming* del género
Supone la aplicación de los principios de igualdad en todas las acciones.

Bibliografía

Monografías

- Instituto Cervantes: *Guía de comunicación no sexista.* Madrid: Editorial Debate, 2021

- ALONSO, A.: *El mainstreaming de género en España.* Valencia: Editorial Tirant lo Blanch, 2015.

- MARTIN, V.: La comunicación en clave de igualdad de género. Madrid: Editorial Fragua, 2016

- VV. AA.: *Metodología de la intervención social. CFGS.* Barcelona: Editorial Altamar, 2020

- VV. AA.: *Código Deontológico del Trabajo Social.* [S.I.]: Editorial Consejo General del Trabajo Social, 2021.

Textos electrónicos, bases de datos y programas informáticos

- Actualidad sobre *marketing* y publicidad, de: <www.marketingdirecto.com>.

- Blog de *marketing,* comunicación y relaciones públicas, de: <www.miespacio.org>.

- Caja de herramientas comunitarias, de: <http://ctb.ku.edu/>.

- Sendotu Aldiberean, de: <https://www.sendotualdiberean.org/>.

- Gestión inteligente de la información en organizaciones, de: <www.infonomia.com>.

- Fundación gestión y participación social, de: <www.asociaciones.org>.

- Igualdad en la empresa, de: <www.igualdadenlaempresa.es>.

- Instituto Europeo de la Igualdad de Género, de: <https://eige.europa.eu/>.

- Instituto Nacional de Estadística, de: <https://www.ine.es/>.

- Cuadernos de trabajo Sendotu. Diseños de Proyectos Sociales desde una perspectiva de género, de: <http://www.sartu.org/wp-content/uploads/Cuaderno_trabajo_Sendotu_n3.pdf>.

- Servicios y recursos para la mujer del Instituto de las Mujeres, de: <www.inmujer.gob.es/servRecursos/portada/home.htm>.

- Oficina de la justificación de la difusión, de: <www.ojd.es>.

- ONU Mujeres, de: <www.unwomen.org>.